Fernando Azevedo
Wakala Muzombo
Maria da Graça Sardinha
João Machado
(Coord.)

Literacia, Leitura e Cultura em Angola
Exemplos de boas práticas

Braga
Centro de Investigação em Estudos da Criança
Instituto de Educação
Universidade do Minho

Este trabalho é financiado por Fundos Nacionais através da FCT – Fundação para a Ciência e a Tecnologia no âmbito do projeto do CIEC (Centro de Investigação em Estudos da Criança da Universidade do Minho) com a referência UID/CED/00317/2019.

Título:	**Literacia, Leitura e Cultura em Angola. Exemplos de boas práticas**
Coordenação:	Fernando Azevedo, Wakala Muzombo, Maria da Graça Sardinha e João Machado
Edição:	Centro de Investigação em Estudos da Criança, Instituto de Educação, Universidade do Minho Braga (Portugal) http://www.ciec-uminho.org/
Coleção:	Estudos Literários, 6
ISBN:	978-972-8952-58-7
Data:	2019

Índice

Introdução [1]

Fernando Azevedo
Wakala Muzombo
Maria da Graça Sardinha
João Machado

A literacia em Angola, no âmbito do ensino/aprendizagem da leitura e da sua promoção, exige atualmente modelos ancorados em práticas que desestabilizem culturas dominantes e simultaneamente corrijam lacunas do cânone escolar (algumas ainda fruto do próprio colonialismo), diversificando-o e enriquecendo-o com a representação das inúmeras culturas representativas da magnitude deste país e, como mostra a obra de Óscar Ribas (1978), tantas vezes marginalizadas.

De facto, para além da necessária implicação de todos os agentes (professores, famílias, bibliotecários, formadores e outros), tais práticas mais atualizadas, na escola e para além dela, são tão urgentes quanto necessárias, pelo que todos os intervenientes deverão investir em "redes de fios discursivos", para que as diversas culturas possam sobreviver, numa

---

[1] Azevedo, F.; Muzombo, W.; Sardinha, M. G.; Machado, J. (2019). Introdução. In F. Azevedo, W. Muzombo, M. G. Sardinha e J. Machado (Coord.), *Literacia, Leitura e Cultura em Angola. Exemplos de boas práticas* (pp. 5-6). Braga: Centro de Investigação em Estudos da Criança / Instituto de Educação. ISBN: 978-972-8952-58-7
Os textos incluídos nesta obra resultam, na sua maioria, de dissertações apresentadas à Universidade da Beira Interior no âmbito do Mestrado em Estudos Lusófonos e Mestrado em Estudos Didáticos, Culturais, Linguísticos e Literários.

permanente dialética de inclusões e exclusões, encorajando-se um pensamento que se deseja cada vez mais plural. É esta a função da obra que ora se apresenta.

As questões relativas aos rostos da(s) literacia(s), aos modelos de aprendizagem da leitura, bem como à representação do Outro, expressas em linguagens simbólicas, como os mitos, as lendas, a memória e a oratura, onde se (re)configuram e consagram valores e tradições, e às quais muito particularmente os contos tradicionais orais dão voz, podem e devem ser veículos privilegiados conducentes à educação para a cidadania ativa, uma vez que fomentam diálogos interculturais, num país onde o Português como língua oficial é ensinado na escola como língua materna e/ou não materna, criando, à partida, verdadeiros diálogos multiculturais, capazes de gerar um entendimento na representação da diversidade e contribuindo, pelo reconhecimento mútuo, para a aproximação entre as gentes.

Assim, na senda do que alguns estudiosos vêm defendendo, apresentamos, neste livro, um conjunto de ensaios de autores/investigadores angolanos que, mediante uma reflexão eclética e profunda, e a partir da investigação que vêm desenvolvendo em Portugal, apontam na mesma direção: promoção da literacia em Angola enquanto fator de desenvolvimento, de educação, de afirmação cultural e de cidadania.

CIEC, Instituto de Educação, Universidade do Minho, 2019

Capítulo 1. O professor em situações multilingues: ensinar Português em Angola [2]

Abel Vidente Luemba [3]

Introdução

A formação profissionalizante do professor em situações multilingues traz, antes de tudo, um olhar analítico a alguns normativos, como a *Lei de Bases do Sistema de Educação* e o *Currículo da Formação de Professores do 1º Ciclo do Ensino Secundário*. No currículo, cingir-nos-emos à abordagem do plano de formação de professores. Baseamo-nos nesse currículo, porque, segundo a Lei de Bases, a partir deste, se formam os professores para o 1º Ciclo do ensino secundário (nomeadamente a educação regular, a educação de adultos e a educação especial) e, noutros casos, para a educação pré-escolar. A leitura do normativo tem como objetivo descobrir as insuficiências do currículo e, assim, aprofundar áreas específicas para o professor em diversidade linguística.

Ora, após a leitura dos normativos mencionados, segue o contributo para aprofundar a formação do professor de Português, guiado a partir das questões: Para quem; O quê; Como ensinar?

---

[2] Luemba, A. (2019). O professor em situações multilingues: ensinar Português em Angola. In F. Azevedo, W. Muzombo, M. G. Sardinha e J. Machado (Coord.), *Literacia, Leitura e Cultura em Angola. Exemplos de boas práticas* (pp. 7-35). Braga: Centro de Investigação em Estudos da Criança / Instituto de Educação. ISBN: 978-972-8952-58-7
Texto extraído da dissertação de mestrado em Estudos Lusófonos (Universidade da Beira Interior, 2018).
[3] Mestre em Estudos Lusófonos pela Universidade da Beira Interior (Covilhã). Email: abeluemba@hotmail.com

Estas questões servirão, de início, para o conhecimento do público-alvo, do conteúdo a ensinar e do conhecimento das técnicas e permitirão propor os saberes a serem dominados pelo professor de língua ou a superação a atingir na sua formação contínua.

Enquadramento dos normativos

Os documentos normativos utilizados para a apresentação da formação do professor neste estudo são: (*i*) a *Lei de Bases do Sistema de Educação;* (*ii*) o *Currículo da Formação de Professores do 1º Ciclo do Ensino Secundário*. Outros documentos sustentam a formação do professor, porém o primeiro reveste-se de maior importância, por ser o documento "reitor" do sistema educativo, onde os demais têm o seu fundamento e buscam os objetivos de cada subsistema de ensino, conforme o Artigo 2º, Nº. 1 da referida lei: "O sistema da educação assenta-se na Lei Constitucional, no plano nacional e nas experiências acumuladas e adquiridas a nível internacional"[4].

O sistema de educação é, segundo Artigo 1º, Nº. 2 da Lei de Bases, "o conjunto de estruturas e modalidades, através das quais se realiza a educação, tendentes à formação harmoniosa e integral do indivíduo, com vista à construção de uma sociedade livre, democrática, de paz e progresso social". Na verdade, é o subsistema de formação de professores que "vela pela formação do professor, consistindo em formar docentes para a educação pré-escolar e para o ensino geral, nomeadamente a educação regular, educação de adultos e a educação especial"[5]. Sendo assim, no Artigo 3º da Lei de Bases, nas alíneas a), b) e seguintes definem-se como objetivos gerais da educação:

---

[4] REPÚBLICA DE ANGOLA (2001, p. 2).
[5] REPÚBLICA DE ANGOLA (2001, p. 11). Cf. Artigo 26º, N. 1.

8

a) desenvolver harmoniosamente as capacidades físicas, intelectuais, morais, cívicas, estéticas e laborais da jovem geração, [...] a fim de contribuir para o desenvolvimento socioeconómico do país

b) formar um indivíduo capaz de compreender os problemas nacionais, regionais e internacionais de forma crítica e construtiva para a sua participação ativa na vida social, à luz dos princípios democráticos ...

Propusemo-nos contribuir para a formação do professor de Português, baseando-nos sempre no modelo de cidadão que o país deseja formar. E, de acordo com Philippe Perrenoud, "não é possível formar professores sem fazer escolhas ideológicas; conforme o modelo de sociedade e de ser humano que defendemos [...][6]".

Segundo a *Lei de Bases do Sistema Educativo*, no Artigo 27º nas alíneas a), b) e c), o subsistema de formação de professores tem como objetivos:

a) formar professores com o perfil necessário à materialização integral dos objetivos gerais da educação;

b) formar professores com sólidos conhecimentos científico-técnicos e uma profunda consciência patriótica, de modo a que assumam com responsabilidade a tarefa de educar as novas gerações;

c) desenvolver ações de permanente atualização e aperfeiçoamento dos agentes de educação.

De facto, esses objetivos são as linhas de formação do professor para qualquer ramo, porquanto são apresentados, em aberto, para que sejam traçadas metas de formação e competências de acordo com as especialidades. Com isso,

---

[6] Philippe Perrenoud & Monica Thurler (Orgs.) (2002, p.12).

fazemos menção ao ecleticismo porque, segundo Márcio L. C. Vilaça (2008), com "o ecleticismo exige-se do professor uma formação mais ampla, crítica e autónoma, obrigando o professor a ser capaz de fazer escolhas metodológicas que atendam às características e às necessidades de seu contexto pedagógico". Ora, ainda na visão do mesmo autor, o ecletismo metodológico acarreta na maior responsabilidade do professor por suas escolhas e prática; por isso, recorremos ao ecleticismo, uma vez que este modelo torna o professor um pesquisador da sua própria atividade na sala de aula. No caso do professor de Português, a visão de uma formação, que materialize os objetivos gerais da educação, foge àquela oferecida pelo currículo, se se olhar para a noção de ecleticismo de Paquay (citado em Mendes, 2013), bem como para a visão de Angelina F. Rodrigues (2016) ao afirmar que "O(s) professor(es) desta disciplina (Português) deve(m), para além dos saberes científicos (conteúdos a ensinar), conhecer um conjunto de variáveis, tais como os contextos em que trabalha (escola, características e necessidades dos alunos), textos que regulam e orientam estas perspetivas de ensino [...]".

Tendo feito a leitura e a demonstração do que aponta a lei de bases, procurámos ler o *Currículo da formação de Professores do 1º Ciclo do Ensino Secundário*, para que tivéssemos ideia da formação do professor, principalmente a do professor de Português. No entanto, deparamo-nos com um programa em que não há particularidades visíveis para a educação do professor de Português, dado o contexto multilingue, como se pode ler na tabela 1.

Apesar de o normativo apresentar lacunas que, de antemão, foram assumidas como o reconhecimento de "Grandes dificuldades concorrerem na gestão do processo formativo, conduzindo assim para um perfil de saída menos desejado, se comparar os resultados e os objetivos definidos para os Institutos", ou "de se constatar uma formação muito geral, teórica e abstrata; a formação é essencialmente dominada por abordagens normativas prescritas e descritas"[7]. Ao longo do mesmo normativo, vão surgindo outras lacunas, sendo uma das maiores o facto de, no plano da formação profissional, se verificar a ausência de áreas de conhecimento consideradas fundamentais para um professor de línguas em contextos multilingues, como a Sociolinguística, a Psicolinguística, História da língua e áreas específicas da linguística (morfologia, sintaxe e semântica) que mereceriam uma abordagem rigorosa e profunda, ao invés de serem vistas num conjunto denominado Português (cf. tabela 1). No documento, vê-se uma crítica às constatações feitas nas escolas de formação de professores: "a experiência nas instituições de Formação de Professores leva a inferir que, se não se atribuem horas a cada componente, os professores se preocupam muito mais com a Ciência do que com a respetiva Metodologia de ensino"[8]. Observemos a seguinte tabela:

Tabela 1. Plano de estudos de professores do 1º Ciclo do Ensino secundário formação na especialidade de Português

| Disciplina | 10ªClasse | | 11ªClasse | | 12ªClasse | | 13ªClasse | | Total |
	1ºS	2ºS	3ºS	4ºS.	5ºS	6ºS	7ºS	8ºS	
Formação geral									672
Francês/Inglês	3	3	2						128
Filosofia			3						48
História	3	3							96
Geografia	3	2							80
Matemática	3	2							80
Informática		3							48
Ed. Física	2	2	2	2	2	2			192
Formação específica									384

---

[7] INIDE (2004, p. 7).
[8] INIDE (2004, p. 13).

Psicologia do Desenvol. e Aprendizagem	3	3							96
Análise Sociológica da Ed. E AGE[9]			3	3					96

Fonte: INIDE (2004). *Currículo da Formação de Professores do 1º Ciclo do Ensino Secundário*, p.19

Com base no quadro acima, podemos observar que, no âmbito da formação profissional, a metodologia específica goza de uma carga horária inferior à do Português; sendo para Metodologia de Ensino do Português um total de 320 horas e para disciplina de Português um total de 1008 horas, o que pode ser justificável, tendo em conta as várias áreas contidas numa mesma disciplina. Entretanto, o verdadeiro problema está na distribuição da carga horaria atribuída a cada uma destas disciplinas, pois, ao invés de ser visto unicamente a disciplina Português durante toda a formação, far-se-ia melhor a distribuição num gradualismo que teria como fundo a diminuição da carga horária, dando margem ao nascimento de novas disciplinas que são fulcrais para a atuação em situações multilingues, conforme alude Casteleiro (citado em Silva, 2008): "se a Linguística não tem sido ensinada de forma adequada na Universidade, então ela não tem contribuído para uma formação eficiente do futuro professor de português". Ainda assim, esses números podem penalizar as reais necessidades do professor de Português em contextos multilingues, pelo facto de a formação não validar muito a parte metodológica, esquecendo-se que a "didática tem por função contribuir para um ensino e uma aprendizagem da língua cada vez melhores e mais adequado ao

---

[9] Administração e Gestão Escolar.

12

mundo complexo, dinâmico e mutante em que vivemos" (Figueiredo, 2004, p. 15). No contexto angolano, em que a situação multilingue se acentua consideravelmente, há necessidade de se estruturar os planos de formação com parte metodológica específica rigorosa e com carga horária suficiente para as práticas e conhecimento de metodologias, pois Denis Girard (1997, p. 151) recorda-nos que "não há boa pedagogia sem uma sólida formação pedagógica".

Olhando para o plano de formação e relacionando-o com as ideias de Paquay sobre o ecleticismo (citado em Mendes, 2013), verificámos que, apesar de o plano de estudos da formação de professores do 1º Ciclo do Ensino secundário formação, na especialidade de Português, favorecer a formação do professor em muitos aspetos, há fraca contribuição para a construção de um professor profissional capaz de atuar em situações multilingues, visto que, dos vários domínios a explorar pelo professor, ele teria dificuldades de ser um "profissional prático reflexivo, profissional técnico e professor culto". A prática reflexiva remete, segundo Paquay (supracitado), para a reflexão sobre as suas práticas e análise dos seus efeitos, produção de ferramentas inovadoras (professor pesquisador), e essas práticas constituem-se em metodológicas e/ou técnicas. E, a propósito da reflexão, Isabel Alarcão (apoiando-se em Donald Schon) refere-se à "reflexão sobre a reflexão na ação como um processo que leva o profissional a progredir no seu desenvolvimento e a construir a sua forma pessoal de conhecer [...], ajuda a determinar as nossas ações futuras, a compreender futuros problemas ou a descobrir novas soluções"[10]. Hoje, tem-se exigido cada vez mais do professor a reflexibilidade de modo que a sua atividade esteja ao nível dos diferentes tipos de alunos numa sala de aula. A prática reflexiva resulta de um processo que envolve o conhecimento

---

[10] Isabel Alarcão (1996, p. 9-39).

didático e o conhecimento prático da realidade contextual, pois, segundo Olívia Figueiredo (2004, p. 19), "o conhecimento didático surge da reflexão e do estudo sistemático das práticás de ensino e não pode existir fora desta realidade".

Ora, uma leitura mais atenta ao *Currículo da formação dos professores do 1º Ciclo do Ensino Secundário* levou-nos a uma leitura pormenorizada do Programa do Ensino Primário de Língua Portuguesa. Buscámos este programa para demonstrar uma das grandes necessidades das escolas em Angola. O Ensino Primário e o 1º Ciclo são as bases para uma boa formação nos níveis subsequentes. Por isso, era necessário questionarmo-nos:

a)   se esses alunos-formandos que, futuramente, desempenharão a função de professores de Português desenvolveram verdadeiramente as competências comunicativas e linguísticas;

b)   se se teve em conta as suas variedades linguísticas (línguas maternas/nacionais) para a escolha de metodologias a aplicar.

Esses questionamentos são importantes, porque o perfil[11] que se traça para o professor, neste Currículo da formação prende-se a nível do *saber, saber-fazer e a nível do ser*. Por exemplo, a nível do saber, espera-se "o domínio dos conteúdos programáticos, bem como a melhor utilização dos manuais escolares, as orientações metodológicas e outros instrumentos relativos à Educação e ao Ensino nas instituições escolares". De facto, o referencial eclético de Paquay permite-nos olhar, de acordo com Maria do Céu Roldão (2013), para um profissional docente que não se limita a seguir os programas e a escolher os manuais, mas a decidir o "como fazer aprender" aquilo que se seleciona como essencial para os alunos concretos, cada vez mais diversos nas suas pertenças e necessidades, não se podendo fazer

---

[11] Sobre o perfil do professor leia INIDE (2004, p. 9-10).

14

pelo simples cumprimento de normativos. Ora, como já dissemos sobre o desenvolvimento de competências, impõe-se a necessidade de o professor se adequar ao contexto multilingue dos alunos. No caso de Angola, o Programa do Ensino Primário de Língua Portuguesa chama a atenção para o que se constitui um dos maiores problemas no ensino do Português:

> A Língua Portuguesa não é para a maioria das crianças angolanas a sua língua materna, daí o cuidado de, no Ensino Primário, se adotarem métodos e técnicas eficazes, capazes de levarem os alunos a efetuar pacífica e conscientemente a transição das aprendizagens da convivência do ciclo familiar e social, para a aprendizagem e conhecimento de conteúdos devidamente estruturados e ministrados nas instituições de ensino. Esses conhecimentos permitirão que as novas gerações sejam dotadas de um conhecimento lógico e de uma aprendizagem progressiva da língua, condições necessárias para a resolução de questões próprias da vida individual e coletiva[12].

Perante tal facto, há inevitabilidade de, durante a formação do professor, se investir na formação com áreas científicas que metodologicamente possam proporcionar uma formação harmoniosa e inclusiva. Deste modo, uma formação que apresentasse uma posição diferenciada daquela citada no currículo, ou seja, uma formação menos preocupada com a Ciência e mais preocupada com metodologias e com áreas estratégicas (sociolinguística, psicolinguística, história da língua, etc.). Essas áreas podem desenvolver no professor capacidades de adaptar e de adequar o que lhe é apresentado no currículo oficial à realidade do aluno. Se o professor é formado com instruções didático-pedagógicas, de acordo com o *Guia do professor de*

---

[12] INIDE (2003, p. 5).

Língua de Língua Portuguesa I vol. 1º nível[13], terá, ao planificar uma determinada aula, a competência de responder as questões:

i)   Para quem é que se está a organizar o trabalho?

ii)   Para quê levar a cabo este trabalho?

iii)   Quanto tempo se vai gastar?

iv)   Que assunto se vai estudar?

v)   Como é que se vai realizar o trabalho?

vi)   Em que medida serão conseguidos o ensino e aprendizagem?

Quando o professor começa a pensar em levantar e responder a estas questões poderá facilitar a sua atividade, pelo que terá em conta o público que se dirige. Mas, se o professor, apesar de ter o conhecimento das características (socio)linguísticas, não fizer certos questionamentos sobre a realidade do aluno, poderá trabalhar desorientado, pois desconhece o saber que todo o aluno já é portador. Esta particularidade, concordando com Lisete Gaspar *et al.* (2012), favorece que o ensino da Língua Portuguesa em Angola se apresente com uma divisão: "de um lado, o texto e a interpretação e, do outro lado, a gramática"[14]. E segundo os mesmos autores, "o ensino da gramática, em Angola, assenta ainda na demonstração das regras e na memorização dos conceitos que formulam essas regras, negligenciando-se, parcial ou totalmente, o seu enquadramento comunicativo/discursivo". Já Fernando Azevedo (2010, p. 107) refere que "a mera memorização mecânica, ou repetição, não contribui para aprendizagens significativas". Numa pesquisa realizada em Angola, Lisete Gaspar *et al.* (2012) fazem uma análise do Currículo do 1º. Ciclo do Ensino Secundário onde apontam o facto de:

---

[13] Aldónio Gomes *et al.* (1991, p. 46).
[14] Lisete Gaspar *et al.* (2012, p. 27-28).

> Vários aspetos não corresponderem à realidade,
> tanto ao nível do saber, como do saber-fazer. O
> aluno revela poucas habilidades e poucos
> conhecimentos linguísticos, pelo que a expressão
> escrita oral apresentam as debilidades já previstas
> pela avaliação do Ensino Primário.
> Simultaneamente, este discente também possui uma
> fraca capacidade de análise, de interpretação e falta
> de destreza mental na resolução de atividades que o
> exigem[15].

Deste modo, a urgência em atualizar os currículos de formação de professores (principalmente, os de Português) torna-se imprescindível, porque há cada vez mais fluxo migratório para as cidades, e a escola (o professor) deve estar preparada para esta situação. Ora, uma das várias estratégias para enfrentar esta realidade passa pela atualização dos currículos, visto que estes se apartam significativamente da realidade angolana. Com isso, parece-nos fundamental, baseando-nos em Olívia Figueiredo (2004, p. 22), que se proporcione ao professor:

> *i)* em formação inicial e contínua, a aquisição de dispositivos conceptuais que possibilitem a abertura à mudança, à inovação, à descoberta;
>
> *ii)* instrumentos e dispositivos de intervenção operatórios para saber adequar os procedimentos didáticos ao contextos pedagógicos.

Estes dois pontos são dos muitos elementos a adequar nesse *Currículo da Formação de Professores do 1.º Ciclo do Ensino Secundário*, pois, quando o professor não se acomoda com a formação inicial, terá abertura para o seu aperfeiçoamento o que lhe permitirá implementar metodologias ou técnicas contextuais. Com efeito, o aperfeiçoamento do professor de línguas é imprescindível para a sua profissionalização; e Denis Girard

---

[15] Lisete Gaspar *et al.* (2012, p. 46).

(1997, p. 163) propõe três finalidades do aperfeiçoamento do professor de línguas:

> *a)* preencher as lacunas de uma formação insuficiente;
> *b)* pôr em dia os conhecimentos da língua e do país, que correm o risco de se deteriorar com o tempo e com o contacto com os seus alunos;
> *c)* seguir o desenvolvimento científico nos domínios que diretamente o interessam: linguística, psicologia, tecnologia, etc.

Com base na primeira finalidade, vemos a importância do aperfeiçoamento do professor, uma vez que o currículo apresentado proporciona uma formação muito lacunar, conforme se vê no mesmo currículo: "Os currículos oferecem uma formação muito compartimentalizada e repetitiva, pois o aluno-mestre não assume uma postura de empenhamento auto formativo e independente"[16]. Nestas situações, torna-se essencial o papel da escola para a superação das insuficiências do professor, pois a escola (os diretores, funcionários administrativos, os auxiliares de limpeza, etc.), para além do próprio professor, conhece a realidade social onde se encontra inserida e, consequentemente, o que, na verdade, os alunos precisam de aprender, e as dificuldades do professor para ensinar ou orientar os alunos.

Contributo para a formação do professor de Português

A atuação profissional do professor remete, em geral, para o tipo de formação que o professor recebe (inicial) ou investe (contínua), completando-se com o conhecimento das características individuais do aluno e coletivas da turma, porque a escola, hoje, está cada vez mais multicultural e multilingue. Neste

---

[16] INIDE (2004, p. 7).

18

sentido, para a apresentação de um contributo para a realidade angolana, muitas questões teríamos levantado, como "para quem se ensina o Português? O que se vai ensinar? Como ensinar o Português?" Ao abordar tais questões, necessariamente, tem de se recomendar, no primeiro ponto, que "a formação inicial do professor tenha em conta o desenho de currículos módulos destinados a desenhar e diversificar a expressão oral e escrita dos formandos e as suas competências de leitura"[17]; e, de seguida, de acordo com Angelina F. Rodrigues (2016), encarar a situação multilingue como um contexto em que professor de Português língua não materna é aquele cujo saber não se restringe ao domínio dos saberes linguísticos, pois a aprendizagem da língua só tem êxitos quando é ensinada "a comunicar adequadamente tendo em consideração a situação de comunicação e características pessoais, nomeadamente etárias e culturais, dos interlocutores; a ser recetivo à descoberta do outro, evitando preconceitos e ideias preconcebidas"[18].

Assim, a formação do professor de Português alia-se a dois elementos: a formação inicial e a formação contínua. Tais elementos revestem-se de importância, porque, de acordo com Denis Girard (1997), não há pedagogia eficaz sem uma formação sólida pedagógica, o que remete também para uma formação contextualizada conforme as mudanças que as sociedades, as escolas e as famílias vivem. No entanto, vários dos fracassos que (muitas das vezes reclamados pelos pais e a sociedade à escola e ao professor) existem advêm do desconhecimento das características do aluno e da inadaptação do contexto; do aluno, conforme alude Denis Girard (1997, p. 152):

> [...] Os fracassos que se constatam no ensino de um
> modo geral [...] são fenómenos do mundo moderno

---

17 Inês Duarte (1995, p. 75-84).
18 Citado em Angelina F. Rodrigues (2016, p. 41-57).

> devido a uma total falta de adaptação entre as condições de trabalho cada vez mais difíceis – turmas superabundantes, horários insuficientes, programas caducos, formação acelerada dos professores [...]

Relativamente ao nosso contributo para a formação do professor de Português, retomamos as questões levantadas acima que serão abordadas, em jeito de resposta, no intuito de contribuir para a formação do professor de Português em situações multilingues. Assim, temos a questão 1: Para quem se ensina o Português? De facto, essa questão é revelante no ensino de língua, porquanto o seu ensino pode ser feito como LM ou LS, obrigando o professor de língua a conhecer com quem vai trabalhar. Para tal, é imprescindível para o professor de Português em situações multilingues que a sua formação tivesse em conta:

i. As áreas que desenvolvem as capacidades do professor para o conhecimento de "Para quem se ensina o Português" – o aluno. Relativamente ao conhecimento das características do aluno, recorremos à caracterização sociolinguística dos alunos constitui passo fundamental para a compreensão das necessidades e para a formulação de medidas de apoio adequadas[19]". Este ponto é um dos aspetos lacunares no *Currículo da Formação de Professores do 1º Ciclo do Ensino secundário*, ao não conter no seu plano de formação áreas que permitem o conhecimento sociolinguístico do formando. Denis Girard (1997) defende ser fundamental que nessa formação existam áreas como a teoria da aprendizagem; estudo do comportamento; estudo de motivações e

---

[19] Maria H. M. Mateus *et al* (Coord.) (2008, p. 332).

da necessidade de comunicação do indivíduo, e outras áreas como a psicolinguística, a sociolinguística, História da Língua, educação multicultural. Essas áreas, muitas delas, estão presentes no plano de formação do professor, mas talvez a escola esteja mais preocupada com a especialização, isto é, esquecendo-se das áreas que desenvolvem habilidades para conhecer a realidade do aluno, elemento primordial para o sucesso do aluno e do próprio professor. Para o caso do professor de LM, Angelina F. Rodrigues (2016) afirma que "conhecer as características dos aprendentes é saber quais são alguns dos fatores que estão mais diretamente ligados ao sujeito"[20]. De um modo geral, o que se exige do professor de LM ou de LS acaba por ser abrangente, porque o conhecimento das características do aluno torna-se basilar para a sua atuação, pois, de acordo com Olívia Figueiredo (2004, p.19), "o conhecimento que terá dos alunos não o levará apenas a conhecer a estrutura e os mecanismos cognitivos inerentes a cada indivíduo, mas também a identificar em qual dos estádios se situam individualmente os seus alunos".

Relativamente à questão 2 (O que se vai ensinar?), vão ligar-se a esta questão assuntos que têm a ver com os diversos conteúdos que se apresentam como urgentes na situação do aluno. Mais uma vez a 1ª questão sendo indispensável para a escolha de "o que ensinar?". O prioritário para os alunos de uma zona rural difere daqueles da zona urbana, para o caso em estudo e não só, pondo-se em questão a situação variacional da língua.

---

[20] Citado em Angelina F. Rodrigues (2016, p. 41-57).

Por isso, em princípio, o professor de língua não deve apenas ensinar a estrutura da língua, mas sim, ensinar o aluno a comunicar de acordo com os contextos. Para tal, que fosse possível:

> i. Uma formação do professor de língua, de acordo com Denis Girard, deve incluir obrigatoriamente uma iniciação em linguística moderna: fonética e sobretudo a fonemática, a gramática estrutural [...]. Para além, destas áreas, Angelina F. Rodrigues (2016) propõe um plano de estudos nas seguintes áreas para o professor de Português: "formação em Linguística do Português, formação em aprendizagem e ensino do Português como língua não materna (e língua materna) e avaliação das aprendizagens. Estas disciplinas podem favorecer para a seletividade, caraterística da Linguística Aplicada, pois parafraseando Robert Gallisson e Daniel Coste, ela implica escolha, porque a linguística é exaustiva, e ensinar é escolher.

Ora, a questão 3 (Como ensinar o Português?). Um assunto que, pela dimensão da discussão, é sequência da anterior, porque só conhecendo o aluno se poderá interrogar sobre as metodologias a adotar para uma realidade. E aqui se tem noção de que a metodologia a adotar é, geralmente, diferenciada de contexto para contexto. Ora, esta questão ligada à metodologia, respondendo ao "como ensinar?", busca, sobretudo, metodologias que favoreçem o ensino e aprendizagem. Por conseguinte, para responder a esta pergunta, baseando-nos em Robert Gallisson & Daniel Coste, é útil sublinhar que a metodologia do ensino de língua apoia-se: (*i*) na linguística, no que diz respeito à matéria a ensinar; (*ii*) na psicologia, na pedagogia e na sociologia, no que diz respeito à adaptação da matéria ao público visado, (*iii*) na tecnologia, no que diz respeito à aparelhagem destinada a facilitar e a tornar rentável o trabalho do professor (Gallisson & Coste, 1983, p. 473). Sendo assim, para esta questão, será necessário:

*i.*Que o currículo tenha em conta uma formação rigorosa em Didática de ensino de línguas, visto que, na visão de Denis Girard (1997, p. 159), "permite encarar o aspeto metodológico que pressupõe um estudo teórico, científico e aplicação ao ensino das análises linguísticas e das investigações pedagógicas [...] e problemas práticos puramente pedagógicos [...]". A atenção nesta área poderá estimular o professor a momentos de reflexão sobre metodologias e, consequentemente, a sua atualização. E Olívia Figueiredo (2004) sustenta que o conhecimento didático surge da reflexão e do estudo sistemático das práticas de ensino e não pode existir fora desta realidade;

*ii.*Que a relação teoria e prática de metodologias de ensino de línguas seja mais aprofundada, porque se apresenta um número muito elevado de professores a afirmar a inexistência de metodologias de ensino do Português, conforme se pode ver nos dados de uma pesquisa já realizada na província de cabinda em que 85,7% confirmam a inexistência de metodologias específicas para o ensino do Português[21]. Portanto, torna-se imprescindível uma formação, como sustenta Olívia Figueiredo supracitada, que não consista em fornecer ao futuro professor de Português modelos a reproduzir, mas instrumentos necessários à construção da sua prática pedagógica;

---

[21] Abel Vidente Luemba (2016, p. 35).

*iii.*Uma formação que contribua no combate da reincidente prática do ensino da língua fora do texto, o que Fernanda I. Fonseca (1994, p. 108) critica ao apelar pela superação do ensino da gramática, que continua a ser tomada no sentido, muito limitado, de gramática do código estudada em unidades que não vão além da frase, que é tomada como unidade descontextualizada. Ademais, no ensino do Português quer seja LM quer seja LS, o texto é o elemento fundamental, pois sem ele há um desfasamento não permitindo o que no ensino de línguas estrangeiras se chama de *fixação*[22] dos elementos. Para o caso de Angola em que o Português, para além de LM e LS, é a língua veicular e a única de unidade nacional, torna-se necessário que o professor tenha uma formação que permita desenvolver nele e no aluno capacidades linguísticas e comunicativas, e essa capacidade é denominada por Fernanda I. Fonseca (1994) por *integração ativa na praxis social*[23]. Combate-se aquela prática, porque o trabalho com a frase de forma isolada se constitui um elemento bastante reduzido para que se desenvolvam tais capacidades, visto que, segundo a autora citada, "a prática do texto escrito pode constituir, pedagogicamente, a melhor forma de preparação para a produção e receção de discursos orais em situações menos correntes e mais exigente, de maior responsabilidade"[24];

---

[22] Cf. Denis Girard (1997, p. 141-147).

[23] O ensino da língua materna visa muito mais do que o aperfeiçoamento de uma competência linguística, ele visa o desenvolvimento da competência comunicativa, entendida como capacidade de integração ativa na práxis social. Ver Fernanda I. Fonseca (1994, p. 154).

[24] Fonseca (1994, p. 154).

24

iv. Sendo o ensino do Português em Angola (quer como LM, quer como LS) um processo que tem o seu começo em casa, parafraseando Maria J. Ferraz e Fernanda I. Fonseca (citados), torna-se necessário que no seu ensino se tenha como base o texto, pois esta última autora aponta na pedagogia da língua materna "o estudo do texto com o objetivo de suscitar no aluno a consciência dos recursos múltiplos da língua e conduzi-lo à exploração destes recursos para a obtenção de uma melhor adequação às circunstâncias [...]"[25]. E igualmente João A. Coménio (2015, p. 332) defende que "às palavras não se devem aprender separadamente das coisas, uma vez que as coisas separadas das palavras nem existem, nem se entendem; mas, enquanto estão unidas, existem [...] e desempenham esta ou aquela função". Além de todo o trabalho com o texto que, claro, não se afasta da leitura (análise e interpretação de textos), prática e análise da oralidade, deve, como assegura Fernanda I. Fonseca, tirar partido da prática oral e aprender a forma de suprir a sua ausência no texto escrito.

O texto, cada vez mais, deve ser o fulcro na aula de Português, porquanto dele se permite desenvolver a escrita e a leitura. E Zemelman & Daniel (citado em Maria A. Costa, 1995, p. 68) apresenta um conjunto de práticas para o desenvolvimento na aula de escrita:

1. Criar e aproveitar oportunidades para escrever com o objetivo de adquirir experiências de escrita para um público variado o que compreende produzir materiais publicáveis;

---

[25] Fernanda I. Fonseca (1994, p. 109).

2. Regular e substancial prática de escrita envolvendo as etapas do processo da escrita, o ensino da mecânica da escrita no contexto da produção;

3. Exposição do processo genético da escrita dos colegas, dos professores, mas também dos escritores desconhecidos;

4. Socialização da escrita baseando-se nas atividades de colaboração que fomentam ideias, guiam produções, discutem na elaboração de rascunhos e de leitura dos trabalhos para os outros;

5. Apoio individual do professor: Ocupar-se de algo particular realmente prejudicial para a legibilidade do texto. Organizar as atividades, estruturar o tempo, supervisionar, acompanhar, regular e atribuir-lhes responsabilidades relativamente ao processo de produção.

Do exposto, verifica-se a falta de conhecimento de muitos aspetos abordados, os quais se constituem em fundamentais no ensino da língua. E para o caso de Português em Angola, a formação do professor é, em geral, deficiente como é apresentado no *Currículo da Formação de Professores do 1º Ciclo do Ensino Secundário*: "Nestas instituições constata-se uma formação muito geral teórica e abstrata [...][26]". A orientação da formação do professor nos critérios já apresentados pode favorecer no crescimento do profissional e na atuação do professor de Português, porque encontrará bases que o ajudarão tanto no seu ofício como na sua atualização – a formação contínua. A formação inicial, de um modo geral, conforme Inês Duarte (1995), deve proporcionar que o professor seja:

---

[26] INIDE (2004, p. 7).

a) Um bom utilizador do Português padrão, alguém que sabe falar em público, que lê fluente e competentemente, que escreve com clareza e correção, conhecedor de técnicas oratórias associadas a diferentes tipos de discursos, domínio seguro da ortografia e da pontuação;

b) Conhecedor dos instrumentos de trabalho a que pode recorrer no seu trabalho (prontuários, dicionários enciclopédicos, etimológicos, de regências, de sinónimos, gramáticas) e de os saber usar criticamente;

c) Preparado para saber ensinar, identificando com segurança e clareza os objetivos de cada unidade didática, explicitando as tarefas propostas em cada fase do trabalho, estimulando e despertando a curiosidade intelectual dos alunos, o desejo de aprender, o entusiasmo pela descoberta;

d) Conhecedor e dominador dos recursos educativos que as novas tecnologias de informação inevitavelmente trazem para a escola e de ser autónomo na seleção e construção dos materiais adequados à turma por que é responsável.

De facto, para o sucesso de qualquer atividade docente, mesmo que existam metodologias e outras condições técnicas, é sempre importante uma formação do professor que se adeque aos contextos (socio)linguísticos e culturais dos membros envolventes. Curiosamente, sabe-se que muito do insucesso escolar no ensino do Português, em Angola, deve-se a não formação específica desses professores. Domingos Nzau (2016) afirma que "a maioria dos professores que lecionam a língua portuguesa não têm qualificação específica para exercerem a docência nessa disciplina". Para isso, durante a formação do professor que é a fase do professor em construção, é fundamental, de acordo com Olívia Figueiredo (2004, p. 23), "criar no futuro professor a convicção de que a formação inicial é apenas a primeira etapa que é completada por outras etapas em formação contínua e continuada ao longo da vida profissional".

O professor de Português tem ao seu alcance muitos meios para o seu aperfeiçoamento (seminários, uma formação complementar, participação em conferências, frequência em bibliotecas, discussão com colegas de escola ou colegas da mesma disciplina). Quando este se escusa a atualizar-se, cai na descontextualização e repetição de aspetos que, por vezes, são comuns entre as línguas do domínio do aluno ou de conteúdos já dominados pelo aluno, atitude que João A. Coménio (2015) chama a atenção do professor pelo facto de "repetir os aspetos comuns, não somente ser inútil, mas ser até prejudicial[27]", pois ele [o professor] deve aproveitar o conhecimento que o aluno tem/traz da sua língua ou da sua casa para o orientar na escolha de melhores construções frásicas e na adequação do discurso conforme o contexto em que estiver inserido.

Assim, o professor deve ser reflexivo, pois a prática profissional como reflexiva, segundo Donald Schön (citado em Maria J. do Amaral *et al.*, 1996), combina com as noções de "conhecimento na ação, reflexão na ação, reflexão sobre a ação e reflexão sobre a reflexão na ação, favorecendo, deste modo, que o professor avalie a sua prática, o seu comportamento e o seu desempenho". E Maria C. Lalanda & Maria M. Abrantes (1996), por sua vez, sustentam que a reflexão-ação constitui uma atitude docente indispensável e subjacente às práticas educativas, capaz de provocar alterações fundamentadas das metodologias e estratégias conducentes a um ensino de qualidade.

---

[27] João A. Coménio (2015, p. 335).

Dos vários elementos que merecem discussão durante o plano de formação do professor de Português, abandona-se a ideia de considerar que "o papel do professor possa ser entendido como o de um mero técnico ou executor de um currículo, mas o de um sujeito interveniente, ativo e decisivo na realização de inovações curriculares"[28].

Ademais, tendo em conta o que fomos abordando, atinente ao ecleticismo, aqui, novamente, fazemos menção que "o professor deve ter um conhecimento sólido e reflexivo em duas dimensões: a dimensão cientifico-pedagógica e a dimensão interpessoal/social[29]". Estas dimensões obrigarão o professor a ser, primeiro, um cidadão preocupado com os outros membros da sociedade. Ele só começará a perceber essa missão quando o seu currículo de formação passa por olhar para os prismas mencionados no referencial eclético, por isso, a formação do professor que efetivamente trabalhe para o bem do homem enquanto ser social é preciso, conforme António Nóvoa cita o relatório da OCDE, Education Policy Analysis 1998, "colocar os professores no centro dos processos sociais e económicos"; "os professores são os profissionais mais relevantes na construção da sociedade do futuro"; "os professores têm de voltar para o centro das estratégias culturais"; "os professores estão no coração das mudanças[30]". Em seguida, o professor ao perceber das grandes responsabilidades que a si estão impostas, como uma máquina de revolução e produção, ver-se-á na necessidade de estar científica e pedagogicamente mais preparado para desempenhar a sua atividade com intuito de orientar o aluno, porquanto "formar o futuro professor para a nova escola é formá-lo para saber

---

[28] Fernando Azevedo (2010, p. 117).
[29] Fernando Azevedo (2010, p. 118).
[30] *Apud* António Nóvoa (1999, p. 4).

encaminhar o seu aluno para que ele construa os seus próprios saberes [...]"[31].

Para o tipo de professor de Português que defendemos, para situações multilingues, este tem de se preocupar com a natureza do aluno, procurar saber o que aluno traz para que, deste modo, organize os saberes que darão consistência e aprofundarão os conhecimentos linguísticos e comunicativos do aluno; por isso, concordando com Olívia Figueiredo (2004), o professor deve indagar sobre as representações que os alunos possuem, porque são estas que vão atuar como conceitos prévios em situações de ensino e aprendizagem (gramatical) posterior. Posicionamentos desta natureza, para a realidade em estudo, facilitam o trabalho docente, tendo em conta que umas turmas são heterogéneas e outras totalmente de alunos de LM não portuguesa, o que pode levar ao insucesso no desenvolvimento de competências linguísticas e comunicativas, caso o professor não faça um "diagnóstico" de qual é o ponto de situação; de onde se pode começar e qual é a base linguística dos alunos. Com isso e atendendo aos atuais modelos de Programas de Ensino que, segundo Olívia Figueiredo (2004, p. 110), "projetam levar o aluno a descobrir progressivamente, primeiro intuitivamente, depois de forma reflexiva, os princípios do funcionamento da língua" colocarão o aluno em disposição e em motivação para a aprendizagem, ou seja, este pode mostrar-se aberto a refletir sobre o seu reportório (a língua que aprendeu em casa) e assim construir pessoalmente os saberes. De facto, a missão atual do professor não é "colocar" saberes na cabeça do aluno, mas sim orientar, encaminhar, explicar e demonstrar o funcionamento dos diversos conhecimentos adquiridos tanto antes como no do seio escolar. Assim, em situações multilingues, "um professor competente deve ser aquele que não se contenta em impor

------

[31] *Apud* Olívia Figueiredo (2004, p. 115).

definições e regras, mas aquele que se apoia num saber real e dirige os seus alunos de modo a fazê-los descobrir regras de funcionamento da língua." (Figueiredo, 2004, p. 110).

Considerações finais

Tendo procedido a um enquadramento do normativo (*Currículo da Formação de Professores do 1º Ciclo do Ensino Secundário)* vimos lacunas que tem a ver com a inexistência de unidades curriculares como sociolinguística, psicolinguística, História da língua, etc., ramos de conhecimento que muito contribuem para os casos de diversidade linguística. Por este e outros motivos, partimos – para alcançar os nossos objetivos – da apreciação dos normativos com outros documentos que pudessem contribuir na formação do professor com o objetivo de melhorar o plano de formação do professor em situações multilingues e os modos de atuação. O contributo está centrado em teorias de formação de professores que, de uma maneira geral, enriquecem os planos de formação. As teorias para este trabalho tiveram como base as questões: "para quem se ensina o Português? O que se vai ensinar? Como ensinar o Português?". De que modo estas questões ajudariam na formação do professor em situações multilingues? Se tivermos em conta as nossas atividades, veremos que elas são/estão direcionadas por questões a fim de medirmos o grau de execução. Ora, estas questões permitiram-nos apresentar linhas de formação científica – com uma formação que abrangesse, por exemplo, a linguística, sociolinguística, a psicolinguística, didática de línguas – pedagógica, enfim, uma formação interdisciplinar, pois, em situações multilingues, ao professor, exige-se um conhecimento interdisciplinar de modo a orientar os vários saberes que podem ser abordados numa aula de Português. Era importante que a formação do professor de Português devesse assegurar-se também numa componente reflexiva, inclusiva e, acima de tudo, uma formação em que o professor é o agente que se constrói continuamente.

Quem é o professor de Português atualmente? Ao professor, hoje, exige-se que seja reflexivo, inclusivo, que tenha uma visão adaptável ao multilinguismo, além do conhecimento da língua que vai ensinar. A profissionalidade do professor, para nós, é toda alcançada quando este já estiver inserido numa sala de aula, visto que o professor faz-se cada dia, mediante os contextos e os problemas que vive. É necessário que o professor em situações multilingues tenha:

i. Abertura para as novas aprendizagens, investigação;

ii. Capacidade de reconhecimento das capacidades individuais do aluno;

iii. Capacidade de inclusão para alunos de outras línguas, mesmo não sendo línguas com funções ativas na sociedade;

iv. Uma visão didático-pedagógica;

v. Capacidade de reflexão da sua ação (atividade);

vi. Conhecimento linguístico (competências comunicativas e linguísticas) não só da sua LM, mas também o conhecimento das estruturas morfossintáticas das línguas que podem interferir no aprendizado dos alunos;

vii. Domínio das tecnologias de informação, principalmente, ligadas à educação.

Referências

Alarcão, I. (1996). Reflexão Crítica sobre o Pensamento de D. Schön e os Programas de Formação de Professores. In I. Alarcão (Org.), *Formação Reflexiva de Professores: Estratégias de Supervisão*. Porto: Porto Editora, pp. 9-39.

Amaral, M. J. do *et al.* (1996). O Papel do Supervisor no desenvolvimento do professor reflexivo: estratégias de supervisão. In I. Alarcão (Org.), *Formação Reflexiva de Professores: Estratégias de Supervisão.* Porto: Porto Editora, pp. 90-122.

Azevedo, F. (2010). *Metodologia da Língua Portuguesa.* Coleção Universidade. Luanda: Plural Editores.

Coménio, J. A. (2015). *Didáctica Magna.* Lisboa: Fundação Calouste Gulbenkian.

Costa, M. A. (1995). Se a Língua Materna não se pode ensinar, o que se aprende nas aulas de Português. In M. R. Delgado-Martins *et al.* (Orgs.), *Formar Professores de Português, Hoje.* Lisboa: Edições Colibri.

Duarte, I. (1995). Se a Língua Materna se tem de ensinar, que professores temos de formar? In M. R. Delgado-Martins *et al.* (Org.), *Formar Professores de Português, Hoje.* Lisboa: Edições Colibri, pp. 75-84.

Figueiredo, O. (2004). *Didática do Português Língua Materna.* Porto: Edições Asa.

Fonseca, F. I. (1994), *Gramática e Pragmática. Estudos de Linguística Geral e Linguística Aplicada ao Ensino do Português.* Porto: Porto Editora.

Gallisson, R. & Coste, D. (1983). *Dicionário de Didáctica das Línguas* (trad. Adelina A. Pinto *et al*). Coimbra: Livraria Almedina.

Gaspar, L. *et al* (2012). *A Língua Portuguesa e o seu Ensino em Angola.* Rio de Janeiro: Dialogarts.

Girard, D. (1997). *Linguística Aplicada e Didática das Línguas.* (trad. Maria F.M. Simões). Lisboa: Editorial Estampa.

Gomes, A. *et al* (1991). *Guia do professor de Língua de Língua Portuguesa*, I vol. 1º nível. Lisboa: Edição da Fundação Calouste Gulbenkian.

INIDE (Instituto Nacional de Investigação e Desenvolvimento da Educação) (2003). *Programas do ensino primário - língua portuguesa*. Luanda: Ministério da Educação.

INIDE (Instituto Nacional de Investigação e Desenvolvimento da Educação) (2004). *Currículo da Formação de Professores do 1º Ciclo do Ensino Secundário*. Luanda: Ministério da Educação.

Lalanda, M. C. & Abrantes, M. M. (1996). O conceito de reflexão em J. Dewey. In I. Alarcão (Org.), *Formação Reflexiva de Professores: Estratégias de Supervisão*. Porto: Porto Editora, pp. 41-59.

Luemba, A. V. (2016). *Reflexão sobre metodologias de ensino do Português em uso na Escola do I Ciclo do Ensino Secundário - Barão Puna*. (Monografia) Cabinda: Instituto Superior de Ciências da Educação, Departamento Ensino e Investigação em Língua Portuguesa. (Texto não publicado).

Mateus, M. H. M. *et al* (coord.) (2008). *Diversidade Linguística na Escola Portuguesa*. Lisboa: Fundação Calouste Gulbenkian.

Nóvoa, A. (1999). *Os professores na virada do milénio: do excesso dos discursos à pobreza das práticas* [em linha]. http://repositorio.ul.pt/bitstream/10451/690/1/21136_1517-9702_.pdf (acesso em 10.12.2017).

Nzau, D. (2016). Que Professor para o Ensino da Língua Portuguesa em Angola? Reflexões acerca dos Desafios em Cenários Multicultural e Multilingue. In A. Luís, C. Luís e P. Osório (Org.), *A Língua Portuguesa no Mundo: Passado, Presente e Futuro*. Lisboa: Edições Colibri, pp. 179-187.

Perrenoud, P. & Thurler, M. (Org.) (2002). *As competências para ensinar no século XXI: A formação dos professores e o desafio da avaliação*. (trad. C. Schilling e F. Murad). Porto Alegre: Artmed Editora.

REPÚBLICA DE ANGOLA (2001). *Lei de Bases do Sistema de Educação*. Luanda: Assembleia Nacional.

Rodrigues, A. F. (2016). O professor de Português língua não materna: Que perfil? Uma abordagem. In A. C. da Silva (Org.), *Questões Atuais da Educação em Línguas: dos domínios do ensino do Português a uma política de língua*. Famalicão: Edições Húmus, pp. 41-57.

Roldão, M. do C. (2013). Narrativa como estratégia – uma possibilidade de diálogo entre culturas. In M. H. M. Mateus & L. Solla (Coord), *Ensino do Português como Língua Não Materna: Estratégias, Materiais e Formação*. Lisboa: Fundação Calouste Gulbenkian, pp. 397-411.

Vilaça, M. L. C. (2008). Métodos de Ensino de Línguas Estrangeiras: fundamentos, críticas e ecletismo. *Revista Eletrónica do Instituto de Humanidades*, 7(26), 73-88.

Capítulo 2. O conto: compreensão intercultural "Kimalauezu" de Óscar Ribas[32]

Gilson José

Introdução

Os contos estiveram presentes ao longo do percurso histórico da Humanidade, logo, muitos de nós crescemos a ouvir histórias (lidas ou, simplesmente, contadas); facto que autentica a presença dos contos nas nossas vidas de modo muito próximo, espevitando, assim, a curiosidade, a imaginação, o encantamento, o envolvimento com a narrativa, o questionamento, a reflexão do ouvinte (numa primeira fase) e do leitor-ouvinte (nas fases a seguir). As atividades de contar ou de ler um conto estão, de forma intrínseca, ligadas à formação de um bom leitor, pelo que o sujeito-ouvinte ou leitor é levado a compreender o texto que ouve/lê, apresentado de forma entretida, por causa dos movimentos cooperativos ativos e conscientes com o texto[33] a fim de retirar dele a moral da história e de produzir novos conhecimentos, a partir das relações que estabelece com os seus conhecimentos anteriores. As personagens dessas narrativas, muitas vezes, retratam assuntos presentes no quotidiano do leitor/ouvinte, o que o leva a envolver-se, de modo mais fácil, com o texto e a contextualizá-lo na vida real, quando ele compreende as diferenças e o diálogo possível entre o mundo

---

[32] José, Gilson (2019). O conto: Compreensão Intercultural "Kimalauezu" de Óscar Ribas. In F. Azevedo, W. Muzombo, M. G. Sardinha e J. Machado (Coord.), *Literacia, Leitura e Cultura em Angola. Exemplos de boas práticas* (pp. 37-48). Braga: Centro de Investigação em Estudos da Criança / Instituto de Educação. ISBN: 978-972-8952-58-7

[33] Cf. Umberto Eco (1993, p. 54).

imaginário e o mundo real. Isto o ajudará a tornar-se num adulto mais equilibrado e capacitado, sem medo das transformações da sua visão do mundo.

Os contos tradicionais orais angolanos ganham diferentes denominações nas línguas nacionais. Assim, em *Kimbundu*, são designados mais frequentemente por *jisabu*[34] ou *misoso*[35]; *olussapo*, em *umbundu*; *insinsi, insamuna* ou *nsavo*, em *kikongo*; *ixima* ou *tchixima*, em *cokwe*; *viximo*, em *luvale (ou nganguela)*; *olunão* ou *olungano*, em *nyaneka-nkumbi (ou kwanyama)*[36]. Os contos são textos com maior frequência entre os textos da oratura angolana por apresentar características universais ligadas à estrutura (que inclui outros subgéneros: poesias, canções, provérbios), tempo e espaço de narração, intervenientes e o seu papel moralizador na sociedade. Servem como meio educacional tanto para as crianças quanto para os adultos, e caracterizam-se por apresentar variadas personagens: homens, animais personificados, sereias, monstros antropófagos, espíritos, seres metamorfoseados e encantados, incluindo até objetos mágicos.

Tal como os de outros países, os contos tradicionais orais de Angola possuem marcas próprias das culturas dos povos desse país, constituindo um canal importante para o diálogo intercultural, seja na escola, na biblioteca ou no contexto familiar. Portanto, para a compreensão do conto "Kimalauezu", do autor Óscar Ribas, far-se-á a análise intercultural do mesmo, baseada no modelo de Morgado e Pires, proporcionando a "desocultação de mundos" escondidos no texto.

---

[34] Na compartimentação de Chatelain, *Jisabu* é uma das seis classes da oratura angolana que designa os provérbios (Ervedosa,1979, p. 19). Mas, na visão de Rosário Marcelino, *jisabu* inclui duplo sentido, dizendo respeito aos provérbios e aos contos tradicionais orais de ficção, de acordo com a região. Cf. António Fonseca (2008, p. 63).

[35] *Misoso* (lê-se Missosso) é um nome em *Kimbundu* que quer dizer histórias ou contos tradicionais orais de ficção.

[36] Cf. António Fonseca (2008, p. 48).

Óscar Ribas foi escritor e etnólogo angolano, considerado um dos fundadores da ficção literária moderna angolana, ao lado de António de Assis Júnior. Nasceu em Luanda, a 17 de agosto de 1909, e morreu de doença prolongada a 19 de junho de 2004, no Lar da 3ª. Idade – Fisgas de Alcoitão. Na segunda metade do século XX, preocupou-se com as pesquisas e recolhas da oratura angolana, a fim de configurar um perfil identitário nacional. Homem de cultura e de uma escrita multifacetada, escrevendo literatura de ficção, de religião e gastronomia africanas, dicionário de regionalismos; que, apesar da cegueira contraída aos 36 anos, se empenhou redobradamente para ver com "os olhos da alma" e registar a "verdade dos contos" relatados a si pelas suas informantes, compilados, principalmente, na sua trilogia *Misoso* – obra na qual pertence o conto em análise, no seu primeiro volume.

Mello (1998, p. 224-225) afirma que só é possível a compreensão e interpretação da obra literária, se o mediador estiver ciente das questões consideradas relevantes nas operações de análise textual, a saber:

a) a representação dos contextos histórico-literários;

b) a relação entre literatura e história;

c) a relação entre literatura e outras práticas artísticas;

d) a configuração dos sistemas literários;

e) a configuração dos conceitos de modo e género literário;

f) a retenção e operacionalização de componentes estruturais das obras e dos textos analisados (integração de categorias literárias e componentes das obras em estratégias de leitura);

g) a articulação entre texto e obra;

h) a apreensão de componentes temáticas, ideológicas, simbólicas e míticas; e outras.

Tendo em conta a análise intercultural, adotou-se o modelo de análise intercultural de Morgado e Pires (2010) por ser um modelo de leitura e análise crítica da literatura numa perspetiva de inclusão cultural, em que se enriquecem os domínios afetivos, cognitivos, linguísticos e culturais dos leitores, a partir da exploração de diferentes temas interculturais daqueles que o leitor tem como experiência social, com o objetivo de formar bons leitores, críticos ao ler e ao debruçarem-se sobre o que leem. Portanto, nesse modelo

> [...] dá-se ênfase ao modo de ler e a práticas de leitura capazes de motivar os jovens leitores para o reconhecimento de outros iguais a si ou diferentes de si, para a interação positiva com os outros, de estimular a curiosidade, de alargar os seus horizontes de expectativas, de comunicar de forma crítica percepções diversas do mundo, de fomentar a autonomia na interdependência[...].(Morgado e Pires, 2010, p. 125)

Assim, mais facilmente os leitores poderão interagir com outras realidades encontradas no seu meio envolvente ou em textos, como o grupo de pertença de cada um, a diferença social, de género e etária, os valores de justiça, igualdade, honestidade, etc. Tudo o que promove o seu bem-estar em relação ao outro ou do outro em relação a si.

Análise intercultural do conto

Classificação: grupo principal: contos de fadas propriamente ditos; grupo secundário: contos de fadas novelísticos.

Mediadora: Serafina António "Ndasala"

Idade: Antiga nonagenária de Cacuaco

Breve sinopse

O conto descreve o pequeno sobado dos Estéreis, chefiado pelo soba Kimalauezu, pai do protagonista da história, onde não havia crianças nem mulheres grávidas. Certo dia, um estrangeiro ambaquista que fabricava esteiras naquelas terras questionou a um natural sobre o fenómeno incomum, pelo que foi encaminhado até o soba, pensando este que o esteireiro era quimbanda, para a negação imediata do inquirido. Todavia, na sua terra, Ambaca, havia uma velha quimbanda que curava a esterilidade. Dias depois, o soba envia quatro emissários a Ambaca, a fim de obterem o medicamento para que a sua esposa gerasse filhos, mas, num ato enganoso ao régulo, eles decidiram entregar apenas uma das cinco cabacinhas com o medicamento; ficando cada um com uma em sua posse para as suas esposas. Ao fim do tempo de gestação, as cinco senhoras deram à luz rapazes muito lindos, sobretudo o filho do soba, que, mais tarde, por adivinhação, as mães souberam que eram irmãos espirituais por saírem da mesma sereia. Assim, a todos eles foi atribuído o nome de Lau[37], apenas distinguido pelo sobrenome dos pais.

Lau ia[38] Kimalauezu ou Lau filho de Kimalauezu era de uma beleza invejável e apaixonante, porém, causadora de grandes constrangimentos: ameaças de guerra ao sobado, por seu pai se recusar a ceder, em primeira instância, o filho aos cuidados do governador de Angola, que o criou à moda portuguesa, em Luanda; as paixões da madrasta, a senhora "Agitação de folha de

---

[37] Segundo Óscar Ribas (1978, p. 31), Lau ter-se-á originado de *kilau*, incesto em quimbundo, "em virtude da apropriação indevida do produto sexual, o que, pela promiscuidade, representaria um ato indecoroso cometido contra a mulher do soba".

[38] Partícula conetiva que une ao nome o seu complemento, estabelecendo uma relação de parentesco, pertença; equivalente à preposição *de*, em português, num caso similar, ou ao substantivo *filho* usado na posição final de um antropónimo: Lau *ia* Kimalauezu (Idem, *ibidem*) = Lau *filho de* Kiamalauezu (Ribas, 1978, p. 34).

palmeiras", por si, que o levou a ser acusado de esfaquear a madrasta, visto que não correspondeu aos seus intentos. Grande celeuma passou-se no tribunal tradicional do sobado, até que, enfim, os sobas vizinhos e os macotas[39] sentenciaram a madrasta à pena de morte, porquanto o protagonista guardara consigo provas incriminatórias e pela advocação em parábolas dos quatro irmãos espirituais.

Características do protagonista (físicas, psicológicas, socioculturais)

Lau ia Kimalauezu, desde a primeira menção, é caraterizado como um rapaz belo, que despertava paixão às mulheres e fascinação aos homens, num grau de beleza superior em relação aos quatro irmãos espirituais. Lau e os outros irmãos do mesmo nome – diferenciados apenas pelos sobrenomes dos pais, porquanto haviam saído da mesma sereia, em função de um tratamento tradicional contra a esterilidade feito por uma velha curandeira – não podiam viver distantes uns dos outros até atingirem a fase adulta, segundo o curandeiro da aldeia, sob pena de se definharem de tanto chorarem.

A fama da beleza de Lau filho de Kimalauezu foi a causadora de todas as complicações da narrativa após o seu nascimento, pelo que faz a trama dividir-se em dois momentos de grande relevo: *(i)* a sua partida para Luanda em função do envio das missivas do governador de Angola ao seu pai, o soba Kimalauezu, pedindo para o conhecer e, depois, para o educar à

---

[39] Do quimbundo *macota* (sing. *dikota*), mais velhos. Conselheiros de soba. Indivíduos de responsabilidade (pela idade, saber ou riqueza). Mesmo não fazendo parte do conselho governativo, são os *macota*, dada a autoridade da sua palavra, bastante considerados pelo agregado social. Daí, solicitada a sua comparência para julgamento de litígios, quando o assunto não exige a intervenção do soba (ou até mesmo com a presença do soba). Eles representariam, num tribunal convencional, os juízes dos tribunais de 2.ª instância. (Ribas, 1978, p. 220).

sua moda, com ameaças de invasão e guerra contra a aldeia do soba; *(ii)* o seu regresso à aldeia em função do envio das cartas do pai, coagido pela madrasta – a senhora "Agitação de folhas de palmeira", que nutria paixões não correspondidas pelo enteado, já declaradas a si em cartas.

A volta de Lau à terra natal trouxe-lhe grandes embaraços com o pai e com o tribunal tradicional da aldeia pelas falsas acusações da madrasta contra si por se negar a corresponder às suas paixões: de a ter ferido o corpo com golpes de faca, saindo inocentado.

Lau apresenta diferentes momentos psicológicos e socioculturais na história: *(i)* afetuoso; *(ii)* triste e abalado aquando da morte da mãe, a senhora Ngombe; *(iii)* pacífico e altruísta, ao preferir viver longe do pai e da sua gente para proteger a aldeia de uma guerra; *(iv)* talentoso e detentor de magia, esculpindo uma estátua especial de madeira "E com o poder de sua magia, deu à escultura todos os traços do seu modo de ser: como falava, como se ria, como comia, tudo, enfim, que exteriorizava. Mas o ídolo ficaria num quarto privativo [com o pai]"[40]; *(v)* reto e fiel, ao não corresponder às paixões da madrasta; *(vi)* educado, consentindo o seu regresso à aldeia contra a própria vontade[41]; *(vii)* conservador e respeitador da cultura do seu povo, "Apesar da educação europeia, ainda respeitava certas normas de sua terra"[42]; *(viii)* sábio e acautelado, pois soube usar, no momento oportuno, provas que comprometiam a madrasta, exibindo "[...] as missivas, que lê, bem como as vísceras [dos animais mortos pela mulher do pai, enquanto este esteve na guerra]"[43].

---

[40] Cf. Ribas (1978, p. 31).
[41] Cf. Ribas (1978, p. 32).
[42] Cf. Ribas (1978, p. 33).
[43] Cf. Ribas (1978, p. 43).

Características dos espaços físicos e socioculturais

A história faz referência a três espaços físicos, sendo a aldeia dos Estéreis, regulada pelo soba Kimalauezu, o espaço principal. No sobado dos Estéreis, as mulheres eram estéreis, incluindo a mulher do soba, facto que trouxe curiosidade a um estrangeiro ambaquista, um homem que fabricava esteiras nesse sobado para vender em Luanda, a fim de ter dinheiro para pagar uma indemnização por crime de adultério em Ambaca[44]. Apercebendo-se o soba da curiosidade do estrangeiro, mandou-o chamar com a desconfiança de que fosse quimbanda, mas, para o seu espanto, ele não o era; porém, para a satisfação do régulo, o esteireiro conhecia uma velha curandeira na sua terra que curava esterilidade. Com um novo elemento na intriga – a esperança da mulher do soba ter filhos –, quatro ministros do régulo são enviados a Ambaca para obterem o medicamento. O terceiro espaço é Luanda, ocidentalizado, onde vivia o governador-geral, o homem mais importante nas terras de Angola.

Nota-se, com efeito, espaços totalmente diferentes, física e socioculturalmente, todavia, espaços que se complementam. Num primeiro plano, vê-se um sobado próspero (procurado até por estrangeiros), com uma organização tradicional bem firmada, detentora, inclusive, de tribunal, e em alerta, onde qualquer informação estranha chegava aos ouvidos do régulo; mas sem esperança de descendência, visto que as mulheres eram todas estéreis. Num segundo plano, aparece a esperança que o sobado dos Estéreis procurava por meio do estrangeiro ambaquista – a cura que traria novas vidas à aldeia –, encontrada junto de uma quimbanda de Ambaca, terra com vida, saúde, poderes mágicos, mas sem prosperidade. Por último, Luanda, que representava poder supremo em relação aos outros dois espaços, conhecimento

---

[44] Cf. Ribas (1978, p. 29).

civilizado e ocidentalizado, poder bélico, espaço temível e de incremento intelectual.

Relação extratextual

O texto retrata a vida em comunidade no sobado dos Estéreis, uma terra fictícia, com influências culturais de duas terras reais e historicamente importantes na era colonial em Angola: Ambaca[45] e Luanda (atual capital do país). A narrativa encerra diversos temas que permitem a leitura intercultural do texto. Desse modo, evidenciam-se: *(i)* o adultério e o modo como as comunidades tradicionais pré-coloniais ou com baixo índice de colonização resolviam este acontecimento – "[...] o adúltero paga[va] uma indemnização ao atraiçoado, continuando a mulher, ordinariamente, em poder do marido [ou vice-versa]"[46] –; *(ii)* o uso de poderes mágicos por quimbandas ou curandeiros no tratamento de males e na gestação de estéreis, que permitiram à esposa do soba Kimalauezu e mais quatro mulheres ficarem grávidas, surgindo dessa magia o protagonista, Lau ia Kimalauezu; *(iii)* a valorização da flora angolana, detentora de vários poderes medicinais[47]; *(iv)* a inveja e a astúcia por meio dos quatro mensageiros do soba, que decidiram ficar com parte do medicamento para as suas esposas, mentira descoberta em adivinhação pelo curandeiro da aldeia; *(v)* a justiça e a morte,

---

[45] Ambaca é uma região ao norte do rio Kwanza e que compreendia o Cazengo, Lucala e Golungo Alto. Terra de comerciantes, alfaiates e mestres na arte de ler e escrever, que desempenhou um papel importante nas relações entre a costa e o interior de Angola na era colonial. Seguir a história de Ambaca é seguir a dinâmica do espaço colonial na sua progressão e retração e as relações complexas desse poder com os poderes africanos. Cf. Tavares (2009, n.r. 85, p. 37).

[46] Cf. Ribas (1978 n.r. 1, p. 29).

[47] Cf. Ribas (1978, p. 30). Até os dias de hoje, apesar do avanço da medicina, é muito comum, nas aldeias angolanas, os habitantes medicarem-se com remédios naturais, ervanários, seja para qual for a doença, pois há um curandeiro na família ou aldeia que responde por isso.

referida na história em duas situações: com o desaparecimento físico da senhora Ngombe, mãe de Lau ia Kimalauezu, provavelmente de doença[48], e com a sentença de morte da senhora "Agitação de folhas de palmeira", madrasta de Lau, pela falsa acusação, difamação e desejo de traição ao soba[49]. O texto autentica a famosa frase popular de que "a justiça tarda, mas não falha"; *(vi)* o tema do casamento, em que, implicitamente, se chama à atenção acerca da escolha que se faz do cônjuge para evitar arrependimentos futuros[50] e os seus efeitos nefastos, como a transformação ou revelação de caráter e o uso da astúcia para se conseguir o pretendido, sem medir esforços – o conto narra a transformação da senhora "Agitação de folha de palmeira", de mulher obediente, trabalhadeira e amável à mulher melancólica, desleixada e preguiçosa, por conta da sua paixão pelo filho do marido, visto que este era muito bonito[51] –; *(vii)* a irmandade, demonstrada pelos quatro irmãos espirituais de Lau, saindo a seu favor em alegoria, propondo parábolas[52]; *(viii)* o caráter e a integridade de Lau, que se negou envolver-se numa teia de paixões com a madrasta, em respeito à sua esposa e ao pai.

Muitos outros temas socioculturais são revelados na história, tal como a valorização dos topónimos (Ambaca, Luanda, Angola) e antropónimos angolanos (Lau, Kimalaueuzu, Ngombe, Tandala, Mbole, Sengele...)[53]; a cultura da receção de hóspedes

---

[48] Não se refere a causa da morte da senhora Ngombe no conto. (Ribas,1978, p. 31).
[49] Cf. Ribas (1978, p. 43).
[50] Cf. Ribas (1978, p. 31.
[51] Cf. Ribas (1978, p. 32.
[52] Cf. Ribas (1978, p. 41.
[53] Muitos dos nomes citados aparecem na obra *Misoso*, volume II, secção "psicologia dos nomes", em que Óscar Ribas (1978) explica as circunstâncias de nomeação entre os *ambundu*, porquanto "cada nome traz em sua psicologia uma significação que fará sempre reflectir nas circunstâncias da sua atribuição e eternizar os hábitos, os costumes, os provérbios, os mistérios, as crenças de determinada sociedade, constituindo, assim, parte da cultura e identidade de

nas aldeias, a cerimónia e o festim preparado com a matança de animais de criação ou caça; a vassalagem de Angola (enquanto colónia) a Portugal (a Metrópole, representada pelo governo-geral de Angola) e a falta de voz e de vontade própria dos angolanos na era colonial; a tipoia como um dos principais meios de transporte dos régulos de uma comunidade (reis, príncipes, sobas e filhos) na era colonial; a educação, hábitos e costumes tradicionais angolanos não (ou pouco) ocidentalizados (das aldeias) e os fortemente influenciados pelo ocidente (das cidades, Luanda)[54]. O texto encerra também a miscelânea de géneros da tradição oral: o conto, a dança e a parábola; e uma riqueza linguística acrescida no tocante às interjeições da língua quimbundo.

Considerações finais

Num mundo multicultural em que cada um quer que o "Outro" respeite a sua cultura, é necessário que se desenvolva, nos leitores/ouvintes, não só a capacidade imaginativa e de alargamento da sua visão do mundo, mas também a de promover a educação intercultural, evitando a depreciação e os choques culturais.

---

um povo. Deste modo, é indubitável autenticar o contributo substancial dos antropónimos angolanos na valorização e preservação da identidade cultural dos grupos etnolinguísticos de Angola". Cf. Gilson José (2015, p. 65).

[54] "Quanto aos angolanos incorporados no funcionalismo público, deveriam, pois, saber o português como os demais [os portugueses] e ainda ter como condição ser assimilados o que significa que tinham que ter dado provas de terem renunciado às culturas autóctones ou étnicas, quer quanto aos usos e costumes, quer quanto ao uso das línguas nacionais, tidas pelo colonizador como 'línguas de cão'. Como então se dizia, tinham de ser 'pretos com alma de branco'." Apesar dessas exigências do colono, diz ainda Fonseca, "[...] muitos angolanos, embora assimilados e funcionários públicos, não renunciaram completamente às suas culturas originárias [...]", conforme acontece com o protagonista do conto, Lau ia Kimalauezu. Cf. António Fonseca (2008, p. 20).

De facto, o conto "Kimalauezu" confere ao seu leitor/ouvinte uma abonatória relação com a diversidade cultural angolana, *ambundu* em particular, visto que aborda muitos itens interculturais, capazes de levar o recetor a desenvolver o gosto pela leitura e uma mente reflexiva – porquanto estimula a curiosidade, o questionamento, a imaginação e o envolvimento com a narrativa –, e a consequente construção ou sedimentação dos saberes culturais, comunicativos e literários.

Bibliografia ativa

Ribas, O. (1978). *Misoso – Literatura tradicional angolana*, Volume I, s/l, s/e, 2ª ed.

Bibliografia passiva

Eco, U. (1993). *Leitura do texto literário. Lector in fabula.* Trad. de M. Brito. 2ª ed. Lisboa: Editorial Presença.

Ervedosa, C. (1979). *Roteiro da literatura angolana.* 4ª. ed. Luanda: União dos Escritores Angolanos.

Fonseca, A. (2008). *Contos de antologia (reflexões, contos e provérbios).* Luanda: INALD.

José, G. (2015). *Contributo da obra Missosso (volume I, II e III), de Óscar Ribas, na valorização, preservação e divulgação dos antropónimos angolanos*, monografia apresentada à Faculdade de Letras da Universidade Agostinho Neto como requisito para a obtenção do grau de Licenciado.

Mello, C. (1998). *O ensino da literatura e a problemática dos géneros literários.* Coimbra: Livraria Almedina.

Morgado, M. e Pires, Mª. da N. (2010). *Educação intercultural e literatura infantil. Vivemos num mundo sem esconderijos.* Lisboa: Edições Colibri.

Tavares, A. (2009). *História e memória: estudo sobre as sociedades Lunda e Cokwe de Angola.* Tese apresentada à Universidade Nova de Lisboa para a obtenção do grau de Doutor em Antropologia.

Capítulo 3. O conto e as TIC na aula de Português [55]

Paulo Mulele [56]

Introdução

O português em Angola é língua oficial, conforme se pode ler na CRA de 2010 no artigo 19, ponto 1, mas, também, é a língua usada por excelência pelos angolanos de Cabinda ao Cunene, de Luanda ao leste, do Moxico ao Luau para a comunicação e para a unificação total dos angolanos, pelas razões que se prendem com o facto de Angola ser um país pluriétnico e cada uma dessas etnias ser portadora de uma língua diferente da outra, logo estamos a falar de um país plurilingue. Por essa razão, reveste-se de maior importância o desenvolvimento de métodos que possibilitem o cabal ensino de modo a possibilitar a idoneidade na comunicação e o uso correto da LP.

Neste sentido, surge o presente artigo de investigação com pendor didático intitulado. Primeiro por percebermos que, o conto é um veiculo de transmissão de cultura inerente à um país. É, também fonte de enriquecimento lexical de novas formas frásicas e aperfeiçoamento de uma língua, quer seja materna ou segunda, bem como um processo cultural de enraizamento a uma

---

[55] Mulele, P. (2019). O conto e as TIC na aula de Português. In F. Azevedo, W. Muzombo, M. G. Sardinha e J. Machado (Coord.), *Literacia, Leitura e Cultura em Angola. Exemplos de boas práticas* (pp. 49-69). Braga: Centro de Investigação em Estudos da Criança / Instituto de Educação. ISBN: 978-972-8952-58-7

[56] Mestre em Estudos Lusófonos pela Universidade da Beira Interior (Covilhã).

cultura comum cuja articulação quando é feita com as novas formas de comunicação ancoradas nas TIC facilitam e enriquecem o trabalho do professor de português.

Estratégias de leitura do conto

Atualmente, como noutros tempos, não é recomendável levar o conto para o partilhar, sobretudo na sala de aulas, sem algumas estratégias leitoras. Para se compreender, Silva et al. (2009, p. 14) alertam para "a adequada cooperação interpretativa entre o sujeito – leitor e o objeto estético, implica o respeito por vários protocolos de leitura, sem os quais a fruição do texto literário não pode ter lugar". Ainda conforme constata Cabrero (2002, p. 23) citado por Dias (2012), à chegada à escola, são visíveis as diferenças presentes entre as crianças no que diz respeito à leitura, ao contacto com os livros, consequência da atuação, favorável ou desfavorável, das famílias neste âmbito. O autor, na mesma línea de pensamento, defende que é da responsabilidade da escola revelar às crianças um universo literário através dos livros lidos e das histórias contadas e, também, fortalecer o trabalho já executado em casa ou não.

É função da escola, por meio da figura do professor, implementar estratégias de leitura de forma a dar" o seu contributo para ajudar a criança a construir o seu projeto pessoal de leitor, isto é, ajudá-la a encontrar motivos para querer aprender a ler e para continuar a ler depois de o saber fazer" (Dias, 2012, p. 24). Assim, Bastos (1999, p. 286) afirma que "a escola é, assim, um dos locais privilegiados onde o controlo da criança com o livro pode concretizar de forma cativante". Outrossim, o texto literário, na ótica de Umberto Eco (1997, p. 55) e com o qual corroboramos, é uma "máquina preguiçosa que apela ao leitor para que faça uma parte do seu trabalho". Essa metáfora compreende o verdadeiro sentido e a importância dos conhecimentos e métodos que o aprendente deve ter, para que corresponda e faça bem o seu trabalho, a sua parte, sem os quais tornar-se-ia difícil a leitura do conto, tal como afirmam Gisela Silva et al. (2009, p. 14) que, "responsabilizar e consciencializar o leitor ainda criança é prepará-lo para um contacto permanente com um recetáculo avantajado em emoções e experiencias semióticas cognitivas".

Não obstante o que se afirmou, ainda no âmbito da promoção do gosto pela leitura, Iturbe, citado por Dias (2012, p. 24), afirma que, a escola é responsável pela escassez de hábitos de leitura, referindo que se lecionam as técnicas e os mecanismos para as crianças interpretarem os signos gráficos, porém, raramente se recordam de um objetivo fundamental, que é o de incitar a criança a amar a leitura. Para o autor, anteriormente citado por Dias, os processos de trabalho usados não têm privilegiado a ideia, na criança, de que a leitura é uma atividade lúdica, agradável, e livre e motivadora. Igualmente, Bastos (1999, p. 24) apela a um processo alargado no tempo, onde o interesse a emoção espontânea são processos motivadores.

Mediante o exposto, o papel da escola, nesse sentido, é o de cativar crianças e jovens para a leitura, empenhando-se para conseguir leitores ativos, cientes e críticos, sendo que é dever do professor, não somente limitar-se a ensinar a ler, bem como, o de fazer com que se desperte na criança, no adolescente e no jovem o ato voluntário e consciente da leitura, de modo a que preserve essa postura ao longo da vida, como vem alertando Azevedo (2007). Para que tal desiderato se efetive, são necessárias alterações nas práticas letivas, tais como, o envolvimento de todos os agentes exigidos no processo educativo, quer os docentes, quer as famílias.

Assim, segundo Cadório, citado por Dias (2012), são numerosas as propostas de atuação sugeridas por vários autores no âmbito de sala de aula, mas, apesar dessas sugestões, "cabe a cada docente selecionar, restringir, personalizar e criar as estratégias adequadas". De igual modo, aqui não há atividades "prontas a vestir", sendo importante desenvolver uma atitude de compromisso pessoal. Contudo, Dias propõe alguns requisitos, de modo a tornar a execução da atividade leitora dos contos num trabalho eficaz. O autor recorre a alguns investigadores que passamos a elencar:

1. Divulgação de oportunidades de debate acerca da leitura do conto realizado. Ler e debater as leituras feitas é uma estratégia que proporciona uma relação particular com o texto (o conto) lido e incentiva à leitura. Mostra o valor da" reflexão partilhada sobre a experiência da leitura" (Sousa, 2007, p. 55)

2. Gestão de leituras a realizar pela turma/pelo grupo. Segundo Bastos citado por Dias (2012, p. 25), são exigidos que todos aos alunos leiam o mesmo livro (conto) ao mesmo tempo, propondo que o professor pode implementar diferentes métodos, tendo em conta as escolhas de leitura de cada.

3. Recursos a vários meios. Como motivação para a leitura em contextos de sala de aula, Sousa refere como fundamental o recurso a distintas tipologias textuais de modo a satisfazer os vários projetos pessoais do leitor. Contudo, para cativar o aluno é necessário que ele se identifique com a leitura para poder falar acerca da mesma. Nesse caso, para que isto aconteça o professor deverá conhecer bem os gostos dos seus alunos e a sua evolução como leitores.

4. Criação de um trabalho coerente e estruturante. Para Iturbe, citado por Dias (2012), as atividades de animação de leitura fazem sentido fazem sentido se estiverem incorporadas num projeto Educativo e no Projeto Curricular e adotado por todo corpo docente.

Com a finalidade de que as estratégias de leitura, propostas por Dias, alcancem os seus objetivos; Sim - Sim e Duarte, ambos citados por Dias (2012) denominam por "ferramentas" as estratégias que devem realizar-se "antes", "durante" e "após" a leitura que nortearam as interpretações.

No que tange às estratégias de compreensão da leitura, Sim – Sim e Duarte, citados por Dias (2012), descrevem algumas delas que se conseguirão executar com os alunos e de acordo com os devidos momentos. Neste sentido, são estratégias a usar **antes** da leitura: a) esclarecer o objetivo da leitura do texto; b) estimular o conhecimento anterior sobre o tema; c) antecipar temas com base no título e imagens; d) selecionar o texto para encontrar chaves contextuais (sinais gráficos e marcas tipográficas).

Estes conceitos de antes da leitura, durante a leitura e depois da leitura, estão igualmente presentes em Azevedo (2007).

O Conto

O conto surge nas primeiras comunidades humanas, por força da tomada de consciência da necessidade da passagem de testemunho por parte dos mais velhos para os mais novos, relacionados com tudo que seja inerente às vivencias de uma certa comunidade. Tradicionalmente, passado por meio da oralidade de geração em geração, em local próprio, onde normalmente se reuniam. O nome do lugar variava de cultura para cultura, de país para país, de continente para continente e, assim, sucessivamente. No caso de Angola, os lugares eram vários, entretanto, o mais comum fora o *odjango* existindo na atualidade em algumas regiões, sobretudo nos sobados, ou seja, reinados.

O desenvolvimento das sociedades e as suas constantes mudanças, geram novas formas de vida, mais o surgimento da educação formal, a atividade reservada aos *odjangos* foi sendo aos poucos relegada para os lares e posteriormente para a escola, por se entender que, o conto enquanto parte da literatura oral tradicional, quer pela sua natureza, quer pelas suas funções, deve estar presente nas diferentes etapas de formação e de educação do homem, principalmente do homem angolano, por forma a poder ser detentor do saber técnico – cientifico moderno e, ao mesmo tempo, para que esteja consciente da sua História e, consequentemente, esteja imbuído da sua cultura essencialmente assente na oralidade em suas variadas formas, Fonseca (2008, p. 31) tal como no-lo afirma a autora, "os contos corporizam tradições e crenças que são a memória coletiva da génese e das movimentações dos povos através do extenso território e, muitas vezes, a revelação de preocupação cosmogónicas".

O conto, na escola, pode ser usado nas diversas disciplinas, porém, é na disciplina de LP, principalmente no âmbito dos textos narrativos que tem sido mais usado; em contexto de interação com a gramática, dado que, com a leitura e análise do conto, o professor ajuda os aprendentes ou alunos a localizar e a reconhecer as variadas formas de como as classes gramaticais se articulam no texto e por meio disto, com os contos aprendem novas construções frásicas, contactam com um considerável número de vocabulário e desenvolvem competência de diversa natureza.

Os contos como se disse, anteriormente, estão tipificados. Ora, o conto selecionado é do tipo didático ou de censura preventiva, ou ainda segundo a tipificação feita por Fonseca (2008) é de tipo social.

"O Leão e o Chacal", de Lígia Guterres

Sinopse

O conto tem origem na tribo Cuanhama, retratando as relações entre dois animais, *Ohosi*, (o leão) e o chacal, as quais são pautadas pelo reconhecimento da existência de uma hierarquia. No topo desta cadeia hierárquica, está o leão que, à semelhança de qualquer monarca humano, tem uma *ombala*, a casa e o espaço que a circunda e, também os seus ministros, ainda que estas personagens não estejam identificadas.

O rei, *Ohosi*, exerce o poder com autoridade que lhe advém do seu estatuto. Mas, não raras vezes fá-lo de forma discriminatória, prepotente e arrogante. É, pois, este poder sem limites que o conto procura espelhar e corrigir/criticar, de um modo que não se alheia a Pedagogia.

Segundo o conto, o chacal tinha uma cabra, mas para que esta procriasse necessitava de um bode, pelo que foi pedir um emprestado ao leão, com a condição de lho devolver, assim como o respetivo pagamento que, em seu entender, consistiria numa das crias que a cabra viesse a ter. Contudo, para surpresa do chacal, quando esse se propunha devolver o bode a sua majestade, *Ohosi*, como um dos dois cabritos que a cabra parira, o rei exigiu que lhe fossem entregues as duas crias, o que faria com que o chacal ficasse de novo apenas com a cabra que já possuía. Ainda que receoso, o chacal lá conseguiu congregar toda a sua coragem para dizer ao *Ohosi* que o seu procedimento era injusto e que só o fazia porque era rei. Assim, sugeria que fossem convocados todos os animais da floresta, para que julgassem com justeza sua pretensão. Nesse sentido, para o defender, o chacal contratou o cágado, que de todos era o advogado mais inteligente, a quem relatou os acontecimentos. Uma vez na posse das razões do chacal, o cágado construiu a defesa e, em julgamento mostrou a supremacia da inteligência sobre o poder autoritário do leão.

A leitura deste conto revela-nos, por um lado, o reconhecimento da autoridade instituída e, por outro, um elevado espírito de justiça que caracteriza o povo que lhe deu origem.

O leão e o chacal são os atores que representam no palco cultural do povo Cuanhama o papel da justiça, que rege os jogos da sociedade dos homens. O animal torna-se, assim, comparável ao homem ao corporizar os seus anseios e os sentimentos. Outrossim, à semelhança da sociedade humana, no reino animal a hierarquia existe. O leão é, pois, o soberano prepotente e discricionário e o chacal é apenas o servo, como tal, esperava-se submissão às arbitrariedades e aos caprichos de sua majestade.

É neste jogo entre senhor e servo que melhor se pode aferir o espírito do povo Cuanhama: a consciência da injustiça e de que esta pode ser corrigida através de um julgamento, no qual o lesado pode ver seus direitos defendidos por um advogado inteligente e astuto como o cágado.

O cágado, pelo seu especto físico e andar vagaroso é, para alguns, um dos animais menos significantes. No entanto, nas culturas bantos, ele é símbolo de invulnerabilidade e resistência, uma vez que a sua dura carapaça o protege de quase todos os perigos. O seu olhar penetrante, a visão e a audição apurada e, sobretudo a sua longevidade, tornam-no admirado.

A longevidade, segundo os cuanhamas, confere sabedoria, a qual advém das experiências de uma vida longa. Deste modo, sendo o cágado o animal com maior longevidade é, consequentemente, o mais sabedor e, por esta razão, o melhor advogado para defender o chacal na sua contenda com o leão.

Razões da escolha – Significado

É sobejamente sabido que as histórias, as narrativas de um modo global, fazem parte das coisas de que as crianças, os adolescentes, os jovens e até os adultos mais gostam, fazem parte do leque dos seus interesses.

Estudos realizados por investigadores na área das ciências sociais encabeçados por Jean Piaget (1975) revelam que, da constatação empírica que refere o modo positivo como as crianças reagem às histórias que lhes são contadas, são indício claro de que assim é. A adaptação de histórias a outros meios de transmissão de conhecimentos exteriores ao livro de texto como o cinema, banda desenhada, teatro, animação confirma a conclusão anterior a que se chegou no campo das ciências sociais, conforme se pode conferir em Moreira (2018, p. 1).

O conto em si, para além de promover a identidade cultural de um povo incide principalmente o modo de ser angolano especificamente e de ser africano e aviva a reflexão, serve de ponte entre o passado e o presente e deste perspetivando o futuro.

O conteúdo das histórias dos contos, de um modo geral são importantes, seja para a educação do homem, independentemente da faixa etária, principalmente para a criança para no ato formação.

Assim, o conto por nós escolhido, de um modo geral, para além do espeto lúdico, está carregado de ensinamentos diretos ou indiretos. É o caso do conto acima, que, sendo sucinto está carregado de lições. Ademais, permite ao leitor aprendente conhecer os modelos narrativos próprios da respetiva cultura, ligando, como refere Colomer (1999), o leitor às produções significativas que consigo transporta como qualquer ser humano.

Outro espeto a ter em conta é a possibilidade que o professor de português tem de poder explorar através do conto, o imaginário de um povo que faz parte da sua própria história, recordando um passado que se vai tornando presente, porque frequentemente, a humanidade comete os mesmos erros.

Ainda, um outro espeto a assinalar é a possibilidade de discorrer sobre os benefícios que advêm da administração da justiça e do modelo de justiça que pretendemos que seja possível. Estamos diante de um conto que denuncia injustiças sociais, refletindo uma realidade cruel que o conto adocica. O conto liberta o leitor do cotidiano fastidioso e, consciente ou inconscientemente, levam a moldar códigos de comportamento e a refletir sobre o mundo que o rodeia.

Pretende-se igualmente contrariar a tendência, segundo a qual, os alunos devem conhecer apenas e exclusivamente os textos e autores do cânone escolar. Nesse sentido, defendemos assim que, pese embora os contos de índole social como lhes chamou Fonseca, não estejam muito presentes nos programas de ensino, por razões subjetivas. Os mesmos deveriam e podem fazer parte dos programas e os seus autores devem ter lugar na escola, sobretudo no âmbito da disciplina de Língua Portuguesa.

Assim, ainda que estejamos em pleno século XXI, onde tudo parece ser óbvio, e onde quase os contos todos foram fixados através da escrita, a escola não pode alhear-se dessa herança, que consiste num dos meios mais preciosos, que constitui legado que a tradição nos transmitiu; primeiro porque parte integrante do nosso património imaterial foi no passado por meio do conto, lendas, fábulas e, em segundo lugar, porque nos ajudam a não perder de vista a magia das narrativas mítico-lendárias e refletir sobre o seu lugar educativo contemporâneo; em terceiro lugar, para que continuem, hoje, tão vivos tal e qual, quando escutávamos na infância, em redor da lareira, da boca dos nossos avós, tios e pais e, em quarto lugar, porque o conto de um modo geral, afigura-se importante por possuir potencialidades para a aprendizagem e aperfeiçoamento de uma língua. Conforme Armindo Mesquita (2012, p. 10) afirma:

> Um conto é usado como um dos recursos mais importantes aplicados ao ensino e animação da leitura, a narração oral desencadeia a parte mágica que nos faz compreender o verdadeiro valor da palavra. Os primeiros contactos com o mundo artístico chegam-nos pelo ouvido que é nosso primeiro livro.
>
> Se não afeiçoarmos o ouvido da criança através do conto, do mito, da lenda e de outras formas poéticas da tradição oral que se encontram na base de todas culturas e de todas as literaturas, o fogo da palavra nunca iluminará o seu coração. Sem um mediador que leia bem, modele, entoe e contagie o prazer da palavra em voz alta, a criança, o adolescente nunca chegará a desejá-la no seu interior.

Objetivos

- Conhecer autores de literatura angolana;

-Desenvolver a competência comunicativa através do conto;

- Potenciar as aprendizagens feitas no seio da família;
- Desenvolver culturas locais;
- Formar leitores para a leitura e para a literacia.

Unidade Didática

Este tipo de metodologia é considerado bastante inovador, porque se serve de um tema integrador e transversal a todas as estratégias que a seguir apresentamos. Em nosso entender, permite que os alunos não se dispersem e juntos construam um projeto comum.

A planificação apresentada baseia-se em Yopp e Yopp (2006) e em Pais (2013). Este último autor refere a unidade didática como base motivacional do aluno, permitindo ativar o seu conhecimento prévio e a verificação de pré-requisitos subjacentes a uma determinada aprendizagem. Assim sendo, o nosso integrador é a Justiça. Quanto ao elemento integrador, selecionamos a criação animal.

Exploração do conto

Como já afirmámos, a nossa escolha recai em Yopp e Yopp (2006) com estratégias para a pré-leitura, para a leitura e para a pós-leitura. Explicamos detalhadamente cada passo dos conceitos atrás anunciados.

Motivação inicial/pré-leitura

A pré-leitura constitui a fase importante como requisito para a leitura do conto, por possibilitar, ao professor, a preparação dos alunos para a fase da leitura, que não pode ser ignorada, pois, para além de possibilitar a criação de um ambiente propício, permite que os alunos mais tímidos se sintam à vontade, consoante se pode constatar em Yopp e Yopp (2006, p. 16),

> The importance of engaging students in prereading activities cannot be overemphasized. Prereading activities can stimulate personal responses to text, activate or build relevant background knowledge and language, prompt students to set purposes for Reading, and ignite na interest in the Reading selection. In addition, they provide the teacher with helpful information about students 'preparation to interact meaningfully with the reading selection. Although important for all children, prereading activities can be especially valuable for English learners and struggling or reluctant readers.

Recorre-se à pré-leitura do texto para ativar expetativas, a par da competência enciclopédica do aluno:

> Prereading activities can promote personal responses to literature by signaling students that their knowledge, experiences, ideas, feelings, and beliefs matter and by prompting them to think about ideas in a book before reading about them. When students learning that what they bring to the text is valued, they are likely to continue to bring themselves to the text. When students think and talk about issues, events, or ideas in a reading selection before they read about them in the book, they may feel a greater sense of connection to the book and gain a deeper appreciation for the events, experiences, characters, and other book content.

No momento da pré-leitura, o aluno ouve os seus companheiros e se faz ouvir, igualmente. Nesta fase, a discussão de ideias é propícia para o momento que antecede a leitura do conto.

> What readers already know about the topic of a text influences their understanding of the text. As

> student engage in these activities with one another, knowledge is shared: Students draw on their own knowledge and learn from the knowledge of others. As reader, they will bring more to the text and, in turn, get more from it. Classrooms with children from diverse backgrounds are well positioned for rich interactions; multiple perspectives and different information and experiences related to a topic can be shared enriching all students´ knowledge.

As atividades de pré-leitura, não obstante, serem importantes, tanto para o professor, quanto para os alunos, ajudam estes a definirem os objetivos para a leitura. Enquanto articulam suas próprias ideias, preenchendo e compreendendo o que ouve dos outros, busca esclarecimento nas conversas, enquanto pensam em palavras sobre o tópico emitido pelo professor.

> Prereading activities are instrumental in helping students set purposes for reading. Students may read a selection to learn more about a subject they have been discussing, answer a personal question on a topic, discover how a character will handle a conflict, learn if their experiences and feelings about an issue align with those of a character, discover the relevance of a particular object in a selection, or determine if their predictions are correct. Having set purposes for reading, students more actively engage with the selection and comprehension will be enhanced.

O professor ajuda o aluno a fazer previsões, a construir imagens mentais, a estabelecer ligações entre os conhecimentos do presente e do passado. As atividades de pré-leitura devem passar por um diálogo prévio entre o docente e os alunos, tendo como apoio a projeção de um filme sobre justiça recorrendo a ferramenta youtube. Exemplo: pensar na justiça ou na falta dela; no modo como antigamente as pessoas conseguiam que os seus animais se reproduzissem; na importância que os animais têm para a sociedade, ou um outro tema desde que, relacionado com o conto, por se entender que a motivação determinará a ação ou inação dos estudantes para a atividade posterior, conforme se pode ler em Yopp e Yopp (2006, p. 17) "motivation can be the difference between engagement and disengagenent, between action and inaction".

Durante a leitura

As atividades durante a leitura podem revelar-se importantes ferramentas conceptuais e gnosiológicas, suscetíveis de guiar o olhar do leitor para a detenção de detalhes importantes, convidando-o a interagir com o texto e a cruzar informação deste com saberes acerca do mundo empírico e histórico-factual.

Assim, as atividades durante a leitura, para além de aprimorarem a compreensão e o envolvimento com o texto por parte dos alunos, facilitam o pensamento sobre ideias e elementos que o constituem, fazendo com que pensem profundamente sobre o que estão a ler, e compartilhar seus pensamentos com colegas e professor.

> During-reading activities enhance students 'understanding of a text by prompting the use of comprehension strategies; facilitating thinking about ideas, text elements, or language; and promoting collaborative constructions of meaning. They also prompt personal responses to literature. During-reading activities engage students with a text, inviting them to think deeply about what they are reading and to share their thinking with peers.

Nesta fase da leitura, estimulam-se respostas pessoais, mantendo o interesse pela leitura e auxiliando o leitor a estabelecer cartografias orientadoras da sua interação com o texto, sublinhamos, para esta proposta, as seguintes:

Feelings Charts (Mapa de Emoções) e Mapas de Contrastes, preenchidos com linhas de leitura simbólicas:

justiça/injustiça, tristeza/alegria, desalento/esperança e outros contrastes que advenham da interpretação do conto.

Esses mapas podem ser utilizados como atividades suscetíveis de enriquecimento vocabular e de ativação ou organização dos saberes já possuídos pelo aluno relativamente a um tema dado. Se, no caso dos mapas de contraste, se procura que os alunos explicitem aspetos eufóricos e aspetos disfóricos relativos a uma temática a trabalhar, facilitando, deste modo, a organização das ideias e estimulando o contributo das experiências pessoais para a construção do conhecimento, os mapas de emoções funcionam de acordo com a técnica do "brainstorming"[57]: determinadas palavras podem ser encaradas como elementos geradores de atributos, os quais, uma vez devidamente organizados, auxiliam os alunos a organizar a informação e a estar atentos aos indícios disseminados ao longo do texto, do conto que vão ler. Nesta perspetiva, diz Graça Sardinha, que "eles podem revelar-se numa preciosa ajuda na integração de nova informação e na reestruturação de informação já existente."

Atividades
1. Leitura do conto em voz alta, por meio dos slides projetados pelo professor;
2. Registo dos vocábulos Justiça e Liberdade;
3. Preenchimento de três organigramas ou mapas de contraste
   - Teia das personagens (atividade que consiste no preenchimento de uma tabela com a personagem leão no centro para que os alunos

---

[57] Tempestade de ideias. É um método criado nos Estados Unidos, que consiste numa dinâmica de grupo, que é usado como técnica para estimular o pensamento criativo.

possam analisar, debater e compreender o seu papel face às restantes personagens, desenvolvendo o raciocínio critico e estabelecendo relações entre elas)

Pós-leitura

Dando sequência ao programa de leitura fundamentado na literatura, procede-se à pós-leitura do texto, de modo que o aluno reflita sobre ideias importantes, compartilhe reações, a fim de alcançar maior entendimento e faça conexões com o que leu. Nesta fase, as atividades selecionadas ajudam o aluno a tirar maior proveito do que é essencial, bem como a desenvolver a capacidade de síntese, a apreender o sentido global do conto e a distinguir as diversas peças que o compõem.

> The post reading activities students engage in will have an impact on how they view the reading selection as well as the reading act. if students reflect on important ideas, share reactions, return to the book to achieve greater understanding, make connections with what they have read, engage thoughtful with peers, and creatively respond to the literature, the selection will be viewed as a source of enjoyment and will be long remembered.

Neste contexto, das várias atividades que Yopp e Yopp (2006) propõem para atingir o desiderato aludido, seguem as que achamos adequar-se ao contexto da nossa proposta.

Atividades no quadro interativo

- **Preenchimento de um boletim literário num quadro interativo**, segundo Yopp e Yopp (2006), este consiste numa classificação valorativa das personagens, numa escala de 0 a 10, devendo cada aluno justificar a nota atribuída.
- **Chuva de palavras**. No final, a partir da palavra JUSTIÇA, propõe-se uma "chuva de palavras" (Tavares,

2007), em que se preencherão quatro colunas a partir de classes de palavras, procedendo-se à análise morfológica das mesmas.

- **Produção de texto**. A partir da "chuva de palavras", o professor desafia cada aluno a escrever um conto intitulado "A Justiça".
- **Leitura**. Leitura dos contos pelos alunos, projetados por meio *PowerPoint*.

Público-alvo

Escolhemos dirigir o que achamos ser contributo para os alunos que estiverem a frequentar a 8ª classe pelas razões que se seguem: os alunos que frequentam a 8ª classe no contexto de ensino angolano estão constituídos de um modo geral por aqueles, cuja idade varia entre os 13 anos aos 16 anos.

Por conseguinte, o aluno que esteja nesta faixa etária, o seu desenvolvimento intelectual processa-se por meio de duas fases; uma fase que compreende a parte sócio - afetiva e a outra que compreende a parte intelectual. Na primeira, o aluno estabelece a sua vivência com amigos da mesma idade, aprende a regular a sua conduta em função da necessidade de atuar de acordo com os colegas e amigos e os que o rodeiam.

Outrossim, participa em diferentes atividades socialmente úteis tais como; o estudo, as várias modalidades do desporto e cultura. É, ainda, nesta fase que o bem-estar emocional ganha grande importância para a contribuição do seu desenvolvimento mental e psíquico. Na segunda fase, segundo o pedagogo Jean Piaget, neste período etário, o aluno entra no seu estádio de operações formais que compreendem o estádio de inteligência operatória, abstrata ou formal. Ademais, a caracterização dos alunos nesta fase, subdivide-se em dois sub-estádios que são: a) O da génese das operações formais que ocorre entre os 11 anos e os 12 anos, onde surge a noção de combinatório que é constituída pela lógica das operações de invenção e reciprocidade que, por sua vez, está na base da proporcionalidade do equilíbrio maçanico e da correlação. b) O das estruturas operatórias formais que se dá dos 14 anos aos 16 anos, onde o aluno é já dotado de pensamento de tipo hipotético-dedutivo, sendo capaz de abstrair, generalizar, simbolizar, situar no tempo, antecipar o futuro, tomar posições, raciocinar em tempo de operações formais, surgindo deste modo as noções de rede e de grupo, fundamentais em análise matemática e linguística.

Segundo o que reza no programa da 8ª classe do primeiro ciclo do ensino secundário de Língua portuguesa, no que tange aos objetivos, tanto gerais, quanto específicos, as características acima descritas encontram respostas no mesmo, pelo facto de os objetos serem formulados para a satisfação das necessidades que os alunos nesta idade têm. O texto narrativo e tantos outros, como se pode ler no programa, é base estruturante porque se optou para conteúdos nucleares. Porém, o programa não tipifica, nem diz qual texto por onde se deve apoiar.

Tecnologia educativa a usar

Na atualidade, já é quase impensável, se não mesmo inadmissível, o não uso das tecnologias educativas, no campo do ensino – aprendizagem das línguas, pelas razões inerentes a natureza dos alunos de hoje e a afinidade que os mesmos têm com as tecnologias digitais; no que tange ao que se acaba de afirmar, O´Hara, Pritchard e Huang, citados por Brito, Rodrigues e Costa, afirmam tratar-se de alunos que gostam da velocidade, da comunicação no acesso à informação, recorrendo a todo tipo de tecnologias disponíveis; alunos que preferem o dinamismo de atividades de resolução de problemas, alunos que preferem aprenderem beneficiando do estímulo da comunicação e da colaboração com os seus colegas. Não obstante, estes alunos, naturalmente, vêm com bons olhos a liberdade de uso das tecnologias para a aprendizagem, na ótica de Levy Feldman e Zozovsck, citados por àqueles.

Nesse sentido, indicam-se, de modo geral, todas as tecnologias educativas referidas e investigadas anteriormente, mas, a serem aplicadas cada uma, de acordo com o momento adequado das fases da proposta. Assim, para o momento da motivação que compreende a pré-leitura, o professor escolherá dos variados filmes que existem sobre a justiça, um que lhe convenha e com o qual se identifique, usando o *youtub;* sendo que, para o momento da leitura do conto, use o *PowerPoint*, por meio dos *slides,* de modo a permitir a leitura em voz alta.

Considerações acerca da proposta

A literatura, tal como referiam Yopp e Yopp (2006), pode ser uma força poderosa nas nossas vidas. Os textos pelas suas capacidades de nos interrogarem e de nos fazerem pensar, permitem-nos conhecer pontos de vista diversos, alternativos e complementares aos nossos. Trabalhar a literatura, na vertente dos contos, em contexto educativo (sala de aula), usando as TIC, para além de permitir um são convívio e o bom uso das mesmas e permitir uma ponte entre os nativos digitais (acuais alunos que já nasceram e que vivem rodeados com tecnologias digitais) e os migrantes digitais (educadores, professores e pais que estão a migrar para um novo contexto digital), passa por permitir que o aprendente frua o texto literário em todos os seus formatos possíveis, se deixe seduzir por ele e percebendo-o ao nível da sua estrutura profunda, articule o texto com as suas vivências pessoais, tornando-se um leitor voluntário do mesmo, que queira fazer a leitura em vários formatos um projeto pessoal. Neste sentido, conforme Henrique Gil (2018), "a promover espaços de ensino – aprendizagem mais condizentes com os atuais desafios sociais e profissionais a fim de se promoverem condições para uma cidadania plena.

A proposta didática que se apresenta funda-se numa metodologia que vê a língua numa perspetiva holística, possibilitando que o sujeito aprendente seja um ator relevante nas próprias aprendizagens (Azevedo, 2006).

Sendo os contos transmissores de uma experiência que nos mostra o mundo numa paleta plural de cores, a escola jamais se poderia alhear de um projeto sistemático, reflexivo e intencional de formação de leitores literários.

Diante da riqueza dos contos tradicionais, em particular os contos tradicionais angolanos, designadamente a riqueza do conteúdo e veiculação de valores, importa tirar proveito deles, também na escola. Para tal, impõe-se que os professores disponham de propostas que os ajudem a adequar, em cada momento, as metodologias que usam de modo a ajudarem construtivamente para as aprendizagens e a formação dos alunos.

Referências

Bastos, G. (1999). *Literatura infantil e juvenil*. Lisboa: Universidade Aberta.

Cabrero, M. (2002). Familias, lectura y biblioteca escolar. In *Encuentro Biblioteca Escolares y Calidad de la educación*. Madrid: Universidad de la Mancha.

Colomer, T. (1999). *Introducción a la literatura Infantil y juvenil*. Madrid: Síntesis.

Dias, M. (2012). *Motivação para a leitura – Alunos de uma turma PIEF como mediadores de leitura*. Dissertação apresentada na Universidade Aberta, Lisboa.

Eco, U. (1997). *Seis Passeios nos Bosques da Ficção*. Lisboa: Difel.

Fonseca, A. (2008). *Contos de Antologia (Reflexões, Contos e provérbios)*. Luanda: INALD.

Gil, H. (2018). *As TIC em contexto educativo: nativos e migrantes*. Covilhã: Câmara Municipal da Covilhã.

Guterres, L. (s/d). *Lendas e contos tradicionais do Sul de Angola*. Lisboa: Universitária Editora.

Mesquita, A. (2012). *A magia do Mundo Lendário na Literatura Infantil*. Lisboa: Âncora Editora.

Moreira, L. *O conto tradicional português na aula: proposta de atividades* [em linha] http://magnetesrvk.noip.org/casadaleitura/portalbeta/bo/doc umentos/ot_conto_trad_pt_a.pdf (acesso 23.05.2018).

Pais, A. (2013). A unidade didática como instrumento e elemento integrador de desenvolvimento da competência leitora. In F. Azevedo e M. G. Sardinha (Coord.), *Didática e práticas. A língua e a educação literária*. Guimarães: Opera Omnia.

Piaget, J. (1975). *A formação do símbolo na criança*. Rio de Janeiro: Zahar.

Silva, G. et al. (2009). *Ler para entender. Língua Portuguesa e formação de leitores*. Porto: Trampolim.

Sousa, O. (2007). O texto literário na escola: uma outra abordagem – círculos de leitura. In F. Azevedo (Coord.), *Formar leitores, das teorias às práticas*. Lisboa: Lidel.

Tavares, C. (2007). *Didática do português língua não materna no ensino básico*. Porto: Porto Editora.

Yopp, R. H. e Yopp, H. K. (2016). *Literature- Based Reading Activities*. New York: Allyn & Bacon.

Capítulo 4. Angola: Literatura de margem ou fronteira (contos, provérbios, canções, adivinhas): subsídios para a sua legitimação [58]

Wakala Muzombo

Introdução

O presente estudo surge de um conjunto de análises sobre o património cultural imaterial de Angola, onde se deu prioridade à literatura de margem na vida sociocultural do povo angolano. Circunscrevemo-nos à classificação desta literatura tradicional feita por Chatelain[59], que é, até ao momento, uma classificação considerada completa e de real importância no que tange ao estudo das tradições orais angolanas. Desta feita, antes de avançarmos com mais abordagens, torna-se necessário fazer conhecer a noção de culturas de margem ou de fronteiras, para que se evitem interpretações e enquadramentos descontextualizados.

Assim sendo, literatura de margem vai compreender aqueles textos considerados não portadores de

---

[58] Muzombo, W. (2019). Angola: Literatura de margem ou fronteira (contos, provérbios, canções, adivinhas): subsídios para a sua legitimação. In F. Azevedo, W. Muzombo, M. G. Sardinha e J. Machado (Coord.), *Literacia, Leitura e Cultura em Angola. Exemplos de boas práticas* (pp. 71-107). Braga: Centro de Investigação em Estudos da Criança / Instituto de Educação. ISBN: 978-972-8952-58-7

[59] Héli Chatelain: linguísta e missionário protestante suíço (Morat, 1859 – Lausanne, 1908).
Engajou-se ao lado da população angolana onde fundou uma missão, e lutou em particular contra a escravatura. Interessou-se pelo estudo da literatura e o estudo das línguas próprias dos povos com os quais viveu.

valores estéticos, e poéticos: a literatura popular
seria uma subliteratura, indigna de figurar ao lado
ou no meio da superliteratura; desprovida de beleza,
de harmonia, eloquência; cheia vícios e de erros
contra a clareza, a concisão (e se calhar também
contra a simplicidade), contra a pureza e riqueza da
linguagem, contra a retórica e a estilística; vazia de
ideias profundas, e altas, e sublimadas; abundante
em ideias corriqueiras, cochas, baixas, grosseiras.
Credo. (Saraiva, 1975, p. 112, 113)

Dada a importância desta literatura na vida sociocultural do povo que a usa, para nós chegam a ser alvos de estudos, porque é nela que se expressa a alma do mesmo povo. É a partir dela que podemos obter algum diagnóstico do referido povo, no que se refere a identidade, valores éticos, etc. A literatura popular constitui também fonte de sabedoria, pois, "sabedoria não a dão apenas os livros, nem é privilégio apenas de eruditos ou de peritos em retórica e em poética", como refere Arnaldo Saraiva (1975, p. 112, 113).

O nosso estudo privilegia a vertente tradicional da literatura, visto que assegura a preservação da identidade cultural dos povos afetos a ele. Neste sentido, a preservação deve ser responsabilidade dos intelectuais dedicados nos estudos culturais e dos estados, como afirma a Recomendação para a Salvaguarda do Património Cultural Imaterial (UNESCO, 2010, p. 1).

Preservar os tesouros da cultura popular é, mais que
preservar, divulgá-los na comunidade, é serviço de
inegável valor prestado à preservação da identidade
nacional, já que é na sua cultura, mais do que em
qualquer outra manifestação, que a alma de um
povo se revela e se revê. [60]

---

[60] Cf Leça (s/d, verso da capa).

No desenvolvimento deste artigo, por inúmeras vezes poderemos mencionar o vocábulo cultura, porque é à volta do mesmo em que se circunscreve a nossa abordagem. Desta forma, urge a necessidade de sua desconstrução.

Cultura

Embora seja um vocábulo polissémico, entretanto, a sua conceituação é necessária. Desde já, falar de cultura é enveredar para uma longa caminhada, por vezes sinuosa, em razão de haver muitos estudos realizados em torno desta temática. Desta forma, dá ensejo a vozes discordantes. Além disso, esta não nos parece a única causa que abre oportunidade para as várias interpretações sobre cultura. Cremos que este aspeto está associado à própria dinâmica da cultura, dado que não é estática. É nesta perspetiva em que Urbano Sidoncha (2017), na apresentação do livro *Metamorfoses da cultura,* fala sobre "uma cultura que se vai, portanto, metamorfoseando, gerando novas formas, novas possibilidades de significação que convocam a realidade [...]".[61] Neste sentido, a constante procura do sentido de cultura é também das razões da existência das metamorfoses e dos diversos conceitos da mesma.

Na sequência disto, para Roque de Barros Laraia (2001, p. 34),

> Culturas são sistemas (de padrões de comportamento socialmente transmitidos) que servem para adaptar as comunidades humanas aos seus embasamentos biológicos. Esse modo de vida das comunidades inclui tecnologias e modos de organização econômica, padrões de estabelecimento, de agrupamento social e organização política, crenças e práticas religiosas, e assim por diante.

---

[61] Cf. Urbano Sidoncha (2017, p. 10).

Já a *Cultura tradicional e popular* passa a ser, de acordo a Recomendação para a Salvaguarda da Cultura Tradicional e Popular da UNESCO:

> [...] o conjunto de criações que emanam de uma comunidade cultural fundadas sobre a tradição, expressas por um grupo ou por indivíduos, e reconhecidas como respondendo às expectativas da comunidade enquanto expressão da sua identidade cultural e social, das suas normas e valores transmitidos oralmente, por imitação ou por outros meios.
>
> As suas formas compreendem, entre outras, a língua, a literatura, a música, a dança, os jogos, a mitologia, os rituais, os costumes, o artesanato, a arquitectura e outras artes.[62]

Foram feitos vários estudos da literatura tradicional angolana, não só por escritores nacionais como por estrangeiros, até se tornar literatura impressa, como já dissemos. Ora, como se sabe, a escrita chegou em Angola com o colonialismo, já que antes desta fase (colonial) a literatura compreendia somente os géneros tradicionais transmitidos de forma oral, e só posteriormente, é que passou a ser escrita. Hoje, podemos dizer que contempla as duas formas, sendo que os vários géneros textuais classificados pelos autores são autênticos recursos que este povo usa para expressar as suas ideias, atitudes e convicções.

Este estudo emerge da necessidade de analisar as formas variadas de se fazer a literatura tradicional angolana antes e depois do conhecimento da escrita, realçar ainda a importância desta, pois que, até hoje, ela mantém o seu relevo, servindo de meio de expressão de sentimentos e ideias, pois é usada como

---

[62] UNESCO (1989) *apud* Cabral (2011, p. 64, 65).

recurso para resolução dos vários problemas sociais.[63] Na tentativa de querer consolidar a ideia de que a literatura angolana não contemplava a linguagem escrita, apresentamos o seguinte provérbio ovimbundo, «Os brancos escrevem livros, nós escrevemos no peito»[64]. Achamos que esta expressão ilustra o resultado do desconhecimento da cultura ocidental (pensar que os brancos não têm literatura tradicional oral). Mas, este argumento talvez tenha como base aquilo que os africanos observam diante dos europeus, porque, devido ao tipo de missões que os europeus cumpriam além-mar, não tiveram tempo, nem vontade de manifestar/apresentar as restantes culturas tradicionais em sua posse, além da língua e da culinária.[65]

Literatura tradicional angolana de transmissão oral

Antes do conhecimento da escrita, tal como a expressão utilizada no subtítulo, era feita oralmente, com recurso a provérbios, adivinhas, contos, crónicas, fábulas, canções, etc. Assim, «Faz parte da Literatura tradicional de transmissão oral dum campo mais vasto que se convencionou apelidar de "tradição oral" e que mais não é do que a "memória coletiva duma sociedade que não revestiu a forma escrita»[66]. Continua o autor a afirmar que «abarcará oral, deste modo, um vasto domínio, também designado de históricos, canções, danças, teatro, farmacopeia, etc.[67]...»

Estas diversas maneiras de se fazer literatura, cada uma delas tem algum objetivo: às vezes para educar a sociedade; para amaldiçoar abençoar; para reprimir, etc. Serve-se destes recursos para tecer alguma explicação e expressar-se nas várias facetas da

---

[63] Cf. Wakala I. M. Muzombo (2018, p. 39).
[64] Cf. J. F. Valente (1964, p. 101) *apud* Américo Correia de Oliveira (1999, p. 1).
[65] Cf. Wakala I. M. Muzombo (2018, p. 39.
[66] Cf. Colloque (1985, p. 11) *apud* Américo Correia Oliveira (1999, p. 53).
[67] Cf. Oliveira (1999, p. 53).

vida, no trabalho, nos óbitos, nas brincadeiras, nas conversas, nas canções, alambamento (casamento tradicional, não civil, nem religioso), etc.

A condição que assegura a vitalidade da tradição oral em Angola, é o uso das línguas nativas, já que o português não é língua materna (para alguns), não toma dianteira na resolução das questões de vária índole destes povos. Afirmamos tal parâmetro, no sentido de o português ser elemento conducente a formas de viver mais modernas. Porém, onde este não é falado mantém-se de forma mais viva a tradição oral, mas com caraterísticas tipicamente africanas. Os adultos instruem os jovens em como devem resolver os mais variados problemas, que, enquanto discípulos/aprendizes, são levados para os lugares de costume de resolução dos problemas e, estes, aproveitando-se da presença dos pais apresentam comportamentos atinentes à sua tradição local.[68]

Portanto, o estudo deste tipo de literatura despertou o maior interesse de muitos estudiosos nacionais, como também estrangeiros tornando-a impressa, isto criou algum arcabouço para que não se perdesse na totalidade ao longo dos tempos, pois o que é dito oralmente corre o risco de se perder.[69]

Literatura impressa em Português

Para a preservação destes géneros ditos de forma oral, foi necessário proceder a sua passagem para o registo escrito. Isto permitiu que estes textos fossem conhecidos por mais povos e culturas, entendemos que esta atitude implica também uma preocupação de os preservar. Dessa forma, o brasileiro Saturnino de Sousa e Oliveira Manuel Alves de Castro Francina, este último é angolense (termo este que passou para angolano),

---

[68] Cf. Muzombo (2018, p. 40).
[69] Cf. Muzombo (2018, p. 40).

trouxeram-nos um livro intitulado *Elementos Gramamaticaes da Língua Nbundu*, onde apresentam 20 provérbios em Quimbundo, no ano de 1864.[70] Estes foram os alicerces para os futuros estudos que vieram a ser feitos.[71]

Apesar dos avanços dados neste âmbito, de forma geral, a sua classificação deve-se ao Suíço, Héli Chatelain, missionário, figura com grandes dotes culturais que iria alargar o conhecimento desta em Angola. Desta feita, desembarca em Luanda em 1885.

> Pertence a Héli Chatelain a primeira classificação da "literatura oral" angolana, stricto sensu, que divide em: provérbios ou adágios; ou apólogos. O mesmo autor acrescenta que se poderão "juntar": as "tradições históricas e mytológicas", os "ditos populares", ora satyricos ou alusivos, ora alegóricos. ou figurados"; enigmas ou cantigas. No respeitante à qualidade, Chatelain afirma que "literatura oral angolana pode competir com qualquer outra)[72].

A extensão territorial de Angola, cria condições para uma diversidade cultural. Neste sentido, implicava um estudo mais aturado, pois se precisava o estabelecimento de semelhanças e dissemelhanças entre ela. Diante disto, para terminar o estudo etnográfico, Chatelain dedicou vinte e dois anos (22). A classificação versava-se no campo do Português e do Quimbundo, bem como outras atividades no campo do intelecto (património imaterial) que lhe foram exigidas pela filiação em Organismos Científicos e Humanitários da Europa e da América.[73] Fruto deste estudo, publica a obra intitulada -

---

[70] Cf. Ervedosa (1979, p. 9).
[71] Cf. Muzombo (2018, p. 40).
[72] Cf. Héli Chatelain (1888-89) *apud* Oliveira (1999, p. 56).
[73] Cf. Muzombo (2018, p. 41).

Grammática Elementar de Kimbundo ou língua de Angola reunindo, nesta, 61 provérbios, adivinhas e dois pequenos contos.

> [...] Pode-se afirmar que as manifestações culturais orais angolanas classificam-se em seis classes principais: a primeira delas inclui todas as estórias tradicionais de ficção, inclusive aquelas em que os protagonistas são animais. Segundo Chatelain, elas "devem conter algo de maravilhoso, de sobrenatural. Quando personificamos animais, as fábulas pertencem a esta classe, sendo estas histórias, no falar nativo, chamadas de *MISOSO*. Começam e findam sempre por uma fórmula especial [...].[74]

O Mi-soso corresponde com uma tipologia de contos, e como se sabe, nos contos, as narrativas são mais agradáveis no fim, seguindo a semelhança da pirâmide invertida. Assim, «a forma especial de introito dessas narrativas se dá graças a uma utilização idiomática do verbo *ku-ta*, que significa *"contar", "falar", "expor"*. Uma tradução do uso específico desse verbo nas narrativas tradicionais equivaleria aproximadamente a "pôr uma estória»[75]. Em português, os contos começam com a expressão *"era uma vez"*. Esta ideia é reforçada por Ribas (1978) quando diz que «O início e o fecho não se fazem abruptamente. Existem frases pragmáticas. Assim, na abertura: «Dêem-na»[76]. E a assembleia determina: «Venha ela». No encerramento, diz-se: «Já expus a minha historiazinha. Se é bonita, se é feia, vocês é que sabem».

---

[74] [Em linha] A oratura em Angola (trecho do livro Luanda, literatura e cidade, disponível em: http://ombembwa.blogspot.pt/2011/09/oratura-em-angola-trecho-do-livro.html.

[75] [Em linha] A oratura em Angola (trecho do livro Luanda, literatura e cidade, disponível em: http://ombembwa.blogspot.pt/2011/09/oratura-em-angola-trecho-do-livro.html. *Apud* Muzombo (2018, p. 41).

[76] Bénu-diu. Explicitamente, seria: «Digam o nome da história»

Trata-se de histórias em que, frequentemente, as personagens são animais desempenhando funções humanas. Na sua essência, apresentam duas finalidades, primeiramente servem para entreter. Caraterizam-se por satirizar determinados comportamentos sociais. E além de entreter, dispõem da função didática. Assim, este campo abarca uma variedade de textos.

> Consta de um rico tesouro de provérbios ou adágios, de contos ou apólogos, de enigmas e de cantigas, aos quais se podem juntar as tradições históricas e mitológicas, os ditos populares, ora satíricos ou alusivos, ora alegóricos ou figurados; em todos os quais se condensou a experiência dos séculos e ainda hoje se reflete a vida moral, intelectual e imaginativa, doméstica e política das gerações passadas: a alma da raça inteira.[77]

Feita a classificação, Chatelain conclui de que a literatura angolana é bastante rica, porque além dos contos conhecidos em todas as regiões, existem também outros específicos de determinadas comunidades, o que levou ao aparecimento da obra *Folk-tales of Angola*, contendo cinquenta contos populares daquele país, publicados no ano de 1894, em Nova York, pela The American Folk-lore Society e que posteriormente foi vertida em Português em 1964. Os mesmos cinquenta contos foram também apresentados em Quimbundo e Português, lado a lado, e ainda devidamente interpretados, anotados e comparados com os de outras regiões.[78] Alguns contos são semelhantes, sendo que tal semelhança se deve, provavelmente, à falta de registo escrito, por isso, «Um mesmo conto, em regra, possui diversas variantes – consequência fatal da ausência de escrita. Como amostra, incluímos três: A Onça, o Veado e o Macaco, O Veado e o

---

[77] Cf. Ervedosa (1979, p. 8).
[78] Cf. Ervedosa (1979, p. 8) *apud* Wakala I. M. Muzombo (2018, p. 42).

Macaco e a Onça e o Coelho. De facto, o fundo é o mesmo, só as peripécias diferem».[79]

A compartimentação da literatura tradicional angolana em seis categorias, por Héli Chatelain, foi fruto de um estudo comparativo desta com a literatura oral com o resto de África. Feito isto, veio a concluir que é prática racional e extensiva a toda a África, isto é, há pontos comuns na efetivação da referida literatura.[80]

Classificação da Literatura Tradicional Angolana - Subsídios para a sua compreensão

1ª. Classe (mi-soso)

É costume, em muitas regiões, agruparem-se, numa noite de luar, à volta da fogueira ou mesmo dentro de casa depois do jantar, para falar sobre as mais variadas histórias de ficção que conhecem.[81] Para Maria E. Traça (1998), o ambiente em que se narra o conto «contribui para a criação de uma atmosfera propícia: narrador e ouvintes sentam-se à roda de uma fogueira, em frente a uma lareira acesa, perto de uma fonte, segundo as épocas do ano e o país».[82] Se for fora de casa, além do lareira, os bairros dispõem de um lugar do costume (Onjango)[83] em que todos se dirigem no momento exato. Assim, nestas narrativas se

> Inclui todas as histórias tradicionais de ficção. São o fruto das faculdades imaginativas e especulativas, e o seu objectivo é mais o de entreter do que o de

---

[79] Cf. Ribas (1961, p. 45, 65, 67, 105).

[80] Cf. Muzombo (2018, p. 42).

[81] Cf. Muzombo (2018, p. 28).

[82] Cf. Traça (1998, p. 42).

[83] Em Angola, é instituição tradicional onde se transmitem aos mais novos a história e outros saberes da comunidade, in *Dicionário infopédia da Língua Portuguesa com Acordo Ortográfico* [em linha]: https://www.infopedia.pt/dicionarios/lingua-portuguesa/onjango

instruir. Essas histórias devem conter algo de maravilhoso, de extraordinário e de sobrenatural. Quando personificam animais, as fábulas pertencem a esta classe. [...][84].

Existem muitos contos que podem servir de exemplos para esta categoria. Encontramos, em Óscar Ribas, o conto *"A onça, o Veado e o Macaco"*. O conto diz que o senhor Onça é tio do Veado e do Macaco. Este senhor Onça tinha a namorada que morava distante. Um dia, pediu ao sobrinho Veado que o acompanhasse à aldeia da referida namorada. E assim sucedeu. Chegados à casa dos sogros, à noite, o senhor Onça foi ao curral e matou algumas cabras e sugou-lhes o sangue. De regresso ao quarto, trouxe o mesmo sangue numa casca de múcua[85] e despejou-o ao senhor Veado. Como de manhã, o Veado tardou em aparecer, os meninos preferiram ir despertá-lo. Ao verem o sangue sobre ele, gritaram para todo o mundo, acusando-o de ter matado as cabras. Bateram-no até à morte. Noutro dia, o senhor Onça fez o mesmo, desta vez com o sobrinho Macaco. Mas, este Macaco era bastante astuto, pois descobriu muito cedo as más intenções do tio. Quando este trazia o sangue na casca de múcua, o Macaco levantou-lhe o braço e verteu-o sobre si. Quando os sogros descobriram, preferiram matá-lo, chegando a conclusão de que o Veado que haviam matado era inocente. Daí, a noiva foi dada ao Macaco[86]...

Este texto, ao ser ensinado às crianças, deverá ficar claro que a personagem Onça terá sido má para com os seus sobrinhos/companheiros, Veado e o Macaco. Os alunos devem saber, a partir do texto, o que o ser mau não nos torna melhores

---

[84] Cf. Ervedosa (1979, p. 9).

[85] Angola, Fruto da árvore imbondeiro, cujas sementes, se usam para fazer refrigerantes, fonte: *múcua* in *Dicionário infopédia da Língua Portuguesa com Acordo Ortográfico* [em linha]: https://www.infopedia.pt/dicionarios/lingua-portuguesa/múcua

[86] Cf. Ribas (1961, p. 45-49).

ou vencedores, pois vimos que a Onça que desejava imputar responsabilidade aos outros, foi morta e a sua esposa foi dada em casamento a um dos seus sobrinhos, o Macaco, que ele desejava incriminar pela última vez, mas que, graças à sua astúcia, se salvou.

2ª. Classe (*maka*)

No dia a dia, os pais preparam os filhos para os desafios vindouros, fazendo determinados trabalhos no campo, em casa, pastagem do gado ou numa longa caminhada. Muitas vezes, estes (pais) quando pretendem dar alguma orientação ao filho, recorrem ao uso de parábolas e histórias anteriores para servirem de exemplos. Esta classe é considerada por Chatelain como a das histórias com duas finalidades, a de entreter e instrutiva, «A segunda classe é das histórias verdadeiras, ou melhor, histórias reputadas verdadeiras e designadas por maka. Embora servindo também de distracção, estas histórias têm um fim instrutivo e útil, sendo como que uma preparação para futuras emergências.[87]

A esta categoria, toma-se como exemplo a *Lenda do Pioneiro Ngangula*, uma figura conhecida por toda Angola. A referida história figurava nos manuais escolares de língua portuguesa. Narra a história de um personagem de 10 anos que ingressou nas fileiras do MPLA e que morreu aos 12 anos.[88] Foi morto pelas forças de ocupação colonial quando ia a caminho da escola, por portar livros de alfabetização do MPLA, e por ter negado a mostrar as bases do partido que ficavam no Lumbala Nguimbo, uma comunidade da província do Moxico. O pioneiro é respeitado pela sua coragem e determinação e pelo nível de compreensão dos desejos das tropas coloniais. Mas, na verdade,

---

[87] Cf. Ervedosa (1979, p. 9).
[88] Cf. Augusto Ngangula [Em linha]:
https://kapitololo.wordpress.com/2011/11/08/augusto-ngangula-do-mito-a-realidade/

há quem chegue a afirmar que o pioneiro não existiu, porque a data em que se diz ter morrido, dia 1 de dezembro de 1968, foi num fim-de-semana, o que não justifica a ida à escola, porém, diz-se que a lenda foi apenas uma forma militar de moralizar as pessoas quando confrontadas com situações de género.[89] Por isso se diz que esta classe é das histórias reputadas verdadeiras, além do entretenimento, servem também para instruir e armar os indivíduos de capacidades para enfrentar situações futuras.

De referir que, na cultura tradicional angolana, existem lugares específicos e períodos do dia para as narrativas como o conto, porque as próprias tradições alegam sanções a quem as pratica na hora imprópria «Os contos não se narram de dia. Ao contador – alegam – nasce-lhe um rabo. É ao serão, ao luar ou em redor de uma fogueira, que as contam. Compreende-se: de dia, prejudicaria o trabalho. E onde ganham intensidade, é nas reuniões dos óbitos».[90] Esses lugares, aqui referidos, funcionam como autênticas escolas, onde se aprende a ser um adulto valente, marido, mulher, caçador, lutador, patriota, etc., como diz Rui Mingas no poema por ele musicado, da autoria de Manuel Rui Monteiro «os meninos à volta da fogueira vão aprender como se ganha uma bandeira»[91] Sendo assim, à volta da fogueira é uma escola, onde os membros de determinada comunidade se divertem e consequentemente passam-se valores morais e culturais aos mais jovens.

---

89 Clube K, 15/09/2015, *O Mpla e os "pioneiros" Ngangula e Zeka - Makuta Nkondo* [Em linha]: http://club-k.net/index.php?option=com_content&view=article&id=22161:o-mpla-e-os-pioneiros-ngangula-e-zeka-makuta-nkondo&catid=17:opiniao&lang=pt&Itemid=1067

90 Cf. Óscar Ribas (1961, p. 28).

91 Manuel Rui Alves Monteiro, poema, *Os meninos do Huambo, musicado por Rui Mingas* [Em linha] https://www.youtube.com/watch?v=JpeYSKfHvF4, também musicado pelo português Paulo de Carvalho [Em linha]: https://www.youtube.com/watch?v=Mij6ULLzUP0

Nesta perspetiva, as famílias são também lugares privilegiados para a narração dos contos, pois em algumas delas, as narrações orais são um costume no intervalo entre o jantar e a hora de dormir. Porém, além da família, e tendo em conta o vasto valor cultural do conto, justifica a necessidade de ensiná-lo também na escola, pois os alunos precisam conhecer esse pendor cultural, porque vivem situações semelhantes no quotidiano. É sabido que o conto sempre despertou a curiosidade quer das crianças, quer também dos adultos. Quando crianças gostamos de ouvir histórias e, algumas pessoas, provavelmente, levam este hábito até à fase adulta. Igualmente, os desenhos que vêm nos livros são motivos que despertam o interesse das crianças e dos jovens pois ajudam a compreender o que estes dizem, porque facilitam o entendimento dos contos. Já os livros com poucos desenhos não são os favoritos para as crianças.

> Lembro-me perfeitamente de folhear de "fio a pavio" os manuais escolares ainda antes do início do ano lectivo começar, escolhendo as "matérias preferidas" em função das imagens que apresentavam. Lembro-me de ficar surpreendido quando, no primeiro dia de aulas, verificava que a maioria dos meus colegas conservava os seus livros intactos, com cheiro e aspecto de que nunca tinham sido abertos. Será que não lhes causava curiosidade o que lá estava dentro? Pensava. Ainda hoje não é incomum escolher as notícias do jornal pelas imagens que as acompanham.[92]

As imagens que os livros comportam, quando relacionadas com o mundo infantil, jogam um papel importante no despertar do interesse dos alunos no manuseio do próprio livro. Com efeito, contribuem indiscutivelmente para o desenvolvimento da literacia visual, já que depois da aquisição da capacidade leitora, não

---

[92] Sara Pereira (2011, s/p).

84

procurarão saber apenas das imagens, mas também o que elas dizem. Voltando ao tema conto, existem tipologias (de animais, propriamente ditos, jocosos e divertidos, e de fórmula), mas que não vamos tratar, neste estudo, por aqui não se enquadrarem, ou seja por não ser o nosso objetivo, de momento.[93]

O conto e os outros textos da literatura dita popular são hoje importantes recursos de ensino por apresentarem dois registos de linguagens, oral e escrita. Ora, isto torna possível o ensino e expansão do património cultural imaterial.

Ao discorrer sobre os contos, estes «[…] estão geralmente associados a saberes e valores que as gerações procuram transmitir muito à medida dos seus perfis ou conveniências éticas e estéticas».[94] Por isso, os contos tornam-se necessários na sala de aula, porque os alunos ficam expetantes para ouvir os saberes e valores ali transmitidos. Desenvolvem multicompetências nos alunos, como mostra a seguinte asserção: «Na verdade, os contos acompanham-nos desde sempre, sendo que "as histórias integram-se nas necessidades educativas da infância: respondem a exigências comunicativas, de socialização, de identidade, de desenvolvimento psíquico […]"».[95]

O conto, como todos os textos da literatura oral tradicional, na sua origem, nascem «não no acto da sua invenção, mas no processo da sua absorção e reprodução pelo corpo social».[96] Esta é a razão pela qual se diz que estes textos têm uma fonte autoral coletiva, perdendo, assim, a autoria singular e simultaneamente tornando-se anónima.

Numa tentativa de definição do conto, podemos assim dizer:

---

[93] Parafita (2010, p. 5, vol. 3).
[94] Parafita, (2007, p. 11) *apud* Alexandre Parafita (2007, vol.2, p. 27).
[95] Alonso (1972, p. 187) *apud* Júlia Maria Torneiro Amaral (2012, p. 1).
[96] Alexandre Parafita (2007, vol.1., p. 16).

> um texto narrativo, curto, criado e enriquecido pela
> imaginação popular, que procura deleitar, entreter
> ou educar o ouvinte, que é geralmente ficcionado,
> ou então de conteúdo presumivelmente verídico sem
> que isso constitua factor relevante na avaliação do
> acto narrativo em si mesmo; um texto que tem
> origem anónima, faz parte da tradição oral de uma
> comunidade e reflecte os mais variados sentimentos
> da alma do povo, os seus hábitos, os seus vícios, a
> sua índole.[97]

Neste âmbito, as crianças devem ser treinadas para enfrentarem situações futuras, dotadas de valores que irão permitir-lhes ser adultos que contribuam eficazmente para a construção de uma sociedade melhor. O conto tem bem marcada a caraterística de apresentar conflito entre as suas personagens, havendo aqueles que querem algum bem, normalmente os protagonistas e havendo os antagonistas que dificultam o alcance do objetivo pelo protagonista. A criança avalia os comportamentos destas personagens, conseguindo identificar o bem e o mal. Serão estas aprendizagens que lhe vão trazer amadurecimento, pois, assim, poderá usar estas histórias tidas nos contos para resolver conflitos da vida prática. Desta forma, as crianças avaliam as personagens, porque «As características que as distinguem, bem como a forma como atuam, são sempre exageradas e nunca são ambivalentes: ou são boas ou más, muito belas ou muito feias, covardes ou valentes… e as crianças sabem desde o início que só as primeiras (boas) podem triunfar, ao contrário das segundas (más) que serão castigadas»[98]. Hoje, o conto engloba as modalidades oral e escrita, dando lugar à existência de um leitor e de um ouvinte, sendo sujeitos que encontram, muitas vezes, as suas vidas retratadas nos contos que eles mesmos leem ou ouvem.

---

[97] Alexandre Parafita (2007, vol.1., p. 16).
[98] Cf. Mesquita (2013, p.175).

Por conseguinte, quem ouve ou lê, ambos «encontram, nas personagens imaginárias que povoam a narrativa, personagens e situações bem reais com que se defrontam no seu dia a dia. É todo um universo real, social e familiar, que aparece em cena, com os seus conflitos latentes ou não, e os fantasmas que os engendram"».[99] Estas histórias garantem uma vasta gama de experiência que contribuem para enfrentar a vida futura.

> No fundo, são laboratórios de experimentação precoce onde se testam futuras vivências, onde se modela uma consciência axiológica que vai servir de suporte à integração no mundo da ética e dos valores, contribuindo para a transformação moral da criança num ser adulto mais consistente e resistente às adversidades e às exigências sociais. Assim, a integração dos contos populares [...] nos currículos, nos trabalhos a desenvolver com os alunos, jovens em formação e crescimento também humanístico e humanitário, constitui uma forma muito positiva de explorarmos, entre outros domínios, o funcionamento da língua, certas marcas culturais, mas, e não menos importante, e adicionando o inolvidável ingrediente pedagógico, é um excelente modo de solidificar a desejável formação cívica. Na realidade, pelos temas trabalhados, pelo simbolismo das personagens, pelas suas mensagens morais (o prémio e o castigo), estes textos constituem um manancial imenso de possibilidades de trabalho. Também pelo seu cariz lúdico e afetivo, o conto pode ajudar a gerir conflitos e a trabalhar temas nem sempre fáceis.[100]

Esta ideia é corroborada por Armindo Mesquita (2013) ao afirmar que os contos permitem o desenvolvimento saudável da personalidade da criança. Desta feita, citando Bettelheim, afirma que os contos «[...] ao contrário de qualquer outra forma de

---

[99] Maria E. Traça (1998, p. 28).
[100] Júlia Maria Torneiro Amaral (2012, p. 2).

literatura, orientam a criança no sentido de descobrir a sua identidade e vocação e sugerem também quais as necessárias experiências para melhor desenvolver o seu caráter. [101]

Como afirmámos, devemos ter sempre em conta que «a transmissão de valores culturais faz-se, também, através dos contos».[102] Para se ter um adulto com autoestima, criativo e bom cidadão, é preciso que se eduque bem uma criança, o que implica um conjunto de ações que passam por garantir alimentação, vestuário, habitação, educação, etc. Neste último processo, envolve-se o caráter afetivo que tem de advir dos pais, do professor e dos outros adultos, pois as crianças, para o seu bom desenvolvimento não precisam apenas de alimentação, vestuário e habitação, já que a componente afetiva é extremamente importante para a sua aprendizagem, porque apresentar-se-á como uma criança que sabe ultrapassar complexos de inferioridade. Por isso, «A hora de deitar, acompanhada de um conto lido pela mãe ou pelo pai reforça laços de ternura, de carinho, cria momentos de intimidade familiar, no final de um dia cheio de obrigações e correrias».[103]

O conto é um género transmissor de ideais culturais porque o seu aparecimento e a forma de uso justificam a transmissão de ideias e valores de cultura. O conto nasce da tradição oral como meio de transmissão e preservação de aspetos culturais, ideológicos e sociais que podem cair no esquecimento. «No fundo, ao transmitirem as suas experiências, saberes e histórias, partilham-se pedaços de cultura».[104] Cremos que o homem enquanto ser primitivo não teve uma escola como a que temos hoje, mais equipada, mas, mesmo a não tendo conseguiu preservar valores que hoje nos são indispensáveis, com recurso

---

[101] Bettelhein (2006, p. 34) *apud* Armindo Mesquita (2013, p. 170).
[102] Maria E. Traça (1998, p. 28).
[103] Júlia Amaral (2012, p. 9).
[104] Júlia Amaral (2012, p. 4).

aos textos de produção oral. Com efeito, socorria-se destes com várias finalidades: às vezes para educar, ou mesmo para entreter-se e aliviar-se dos problemas do quotidiano. Sob variadas tipologias textuais conseguia transmitir os seus ideais, «Os valores, os costumes e as regras sociais eram transmitidos, graças aos mitos, aos contos e a outras formas de comunicação oral».[105]

Hoje, nas sociedades letradas, o conto permite a fruição da leitura, por levar a criança a deleitar-se com as suas histórias, estas podem ser contadas primeiramente pelos pais. Nesta fase, faz-se uma assimilação do conto de acordo com a forma como ele é lido, tendo em conta a entoação, o entusiasmo ou não, as pausas e o contexto em que a leitura é feita. Todos estes elementos são fornecidos à criança pela leitura feita por um adulto. Os pais transformam-se em autênticos contadores de histórias e romancistas. Como afirma Daniel Pennac

> Sejamos justos; não era nossa intenção impor-lhe a leitura como uma obrigação. Pensámos, acima de tudo, no prazer que ele daí poderia tirar. Durante os primeiros anos estávamos positivamente em estado de graça. O deslumbramento absoluto perante esta nova vida transformou-nos numa espécie de génios. Contávamos-lhe histórias desde que começou a falar. Era uma aptidão que desconhecíamos em nós. O seu prazer inspirava-nos. A sua felicidade animava-nos. Em honra dele criámos personagens, encadeámos episódios, refinámos as armadilhas… À semelhança do que o velho Tolkien fazia aos seus netos, inventámos um mundo para ele. Nesta fronteira entre o dia e a noite, éramos o seu romancista.[106]

Porém, mais tarde, quando a criança puder ler o conto de forma autónoma, poderá igualmente fazer a sua leitura, tirando

---

[105] Mesquita (2006, p. 165) *apud* Armindo Mesquita (2013, p. 172).
[106] Daniel Pennac (1993, p. 15).

do texto o seu entusiasmo, as pausas e entoação próprias, procurará ainda enquadrar o texto num dado contexto. Assim, juntando estes elementos todos poderá conseguir a compreensão da história, dando mais relevo a alguns factos que considerar importantes em relação a outros.

Ainda sobre o ensino do conto, será necessário levar em conta a capacidade imaginativa dos alunos, pois é provável que ainda não tenham desenvolvido um grande nível de reflexão. Tal aspeto implica que, para a fruição da leitura do conto para o público infantil e juvenil, de preferência sejam usadas histórias curtas, com personagens simpáticas, e espaços facilmente imagináveis, histórias de fácil compreensão, que levem pouco tempo a ler, pelo pai ou pela mãe, à noite, antes de dormir.[107]

Os contos não são destinados apenas às crianças, nem apenas aos jovens, pelo contrário, destinam-se também aos adultos, pois, não só as crianças precisam desenvolver hábitos de leitura, de entretenimento, ou mesmo de tirar lições de vida. «[…] Os adultos também adoram essas narrativas encontrando nelas o eco do seu mundo interior e dos seus sonhos. São histórias que transportam, uns e outros, numa fração de segundos, para lugares mágicos onde tudo pode acontecer».[108] Veja-se, como exemplo, a seguinte citação:

> Francesca Blockeel chama ainda a atenção para o facto de, na literatura portuguesa, os contos não serem um género específico do público mais jovem. Muitos autores escrevem contos para adultos como é o caso de Miguel Torga, Sophia de Mello Breyner Andresen, Fernando Namora, Vergílio Ferreira, Luísa Dacosta, entre outros. Os contos são, por isso, de todas as idades, de todas as épocas, de todos os povos. São essas caraterísticas de universalidade e

---

[107] Júlia Maria Torneiro Amaral (2012, p. 10).
[108] Armindo Mesquita (2013, p. 173).

intemporalidade que fazem com que sejam também de todas as áreas artísticas […].[109]

O conto de Óscar Ribas (1961), *A Onça o Veado e o Macaco*, já tratado nos parágrafos anteriores deste capítulo, ensina-nos que a mentira não é boa qualidade e que por mais que nos saiamos bem, nalgumas vezes; poderá haver momentos em que os resultados podem trazer-nos consequências.[110] Por isso, o conto é um importante recurso para a resolução de conflitos sociais tanto de letrados como de iletrados.

No conto *Kimalauezu* [111], aquando da madrasta que se queria deitar com o enteado, na ausência do esposo, pai do filho, por este a ter rejeitado, esta se feriu, fingindo que foi o enteado quem a tinha ferido. Depois de o esposo ter vindo, disse-lhe que o filho queria deitar-se com ela. Este filho, tendo sido levado ao tribunal tradicional, corria o risco de levar como sanção - um corte (golpe) na cabeça. Porém, um dos seus quatro irmãos conseguiu resolver a contenda, recorrendo a uma parábola, como podemos ler a seguir:

> Eram dois irmãos muito parecidos. O mais velho chamava-se Musambe, e o outro, Sasambe. Já homens, passaram a viver em terras diferentes, embora perto. Cada um tinha três mulheres.
> Um dia, os dois pensaram:
> - Hela! Há muito tempo que não vejo o meu irmão! Amanhã, vou visitá-lo.
> Na manhã seguinte, ambos puseram-se a caminho. Mas desencontraram-se. Quando chegaram à casa do outro, as mulheres não corresponderam aos seus cumprimentos:
> - Sai do caminho! Ainda agora que saíste e já estás com cumprimentos?

---

[109] Júlia Maria Torneiro Amaral (2012, p. 10).
[110] Óscar Ribas (1961, p. 45-49).
[111] Óscar Ribas (1961, p. 34-35).

O visitante esclareceu:
- Eu já saí há muito tempo…
Musambe pediu um banco para sentar.
- Vai buscá-lo! Não sabes onde está?
Sasambe pediu água.
- Vai tirá-la! Não sabes onde está a sanga?

Tendo percebido que as cunhadas os confundiam com os seus maridos por serem tão parecidos, ao pedirem água para beber não foram atendidos, porque se comportavam como visitantes, e, realmente eram mesmo visitantes. Com o mau atendimento dos dois irmãos pelas cunhadas, cada um na casa do outro, procurou retirar-se. Passados alguns momentos, encontraram-se os dois, e contaram cada um o que tinha sucedido. Despediram-se, mas Musambe encheu-se de ciúmes:

«- Sei lá o que o meu irmão fez em minha casa! Não se teria metido com as minhas mulheres?»
Como resultado dos ciúmes, matou o seu irmão, mas atribuiu a culpa às mulheres que não o tinham recebido bem.
- Veem o que fizeram ao meu irmão? Encontrei-o morto no caminho! Se vocês o tivessem tratado bem, ele esperava por mim! – Defendia-se em casa.
Com esta parábola, o interventor que veio com esse recurso concluiu:
- Quem trouxe a morte? Não foram mulheres?
- Falaste bem! Falaste bem! – Aplaude a assistência.
- Portanto, as conversas ficam para amanhã…

Aqui ficou a confirmação da ideia de Júlia Amaral, que citámos nos parágrafos anteriores, confirmando que os contos são para todas as idades. Neste exemplo, trouxemos assuntos de casamento, divórcio e até mesmo o tribunal tradicional. Estes são realmente assuntos de competência dos adultos.

3ª. Classe (*mi-sendu*)

Estas classes existem em toda Angola, mas com nomes diferentes, coincidentes ou aproximados com os que Chatelain usa. Assim, os que aqui trazemos são os da classificação deste autor que tratou de *bilinguismo do português e Quimbundu*.

Noutras línguas, como o kikongo (a língua que falo), esta terceira categoria poderia ser chamada por *mbumba*, que traduzido para o Português significa segredo. Este segredo só os chefes do clã o conhecem e são eles que têm o direito de transmiti-lo aos demais membros da plebe, sendo construído por histórias especiais.

> As narrativas históricas são chamadas ma-lunda ou mi-sendu, e formam uma terceira classe especial de histórias. São as crónicas da tribo ou Nação, cuidadosamente guardadas e transmitidas pelos chefes ou anciões de cada unidade política, cuja origem, constituição e vicissitudes elas relatam.
>
> As ma-lunda são geralmente considerados segredos de estado e os plebeus apenas conhecem pequenos trechos do sagrado tesouro das classes dominantes[112].

Parte deste segredo vai sendo relatado àqueles que são próximos ao ancião, para no caso de eventual desaparecimento por morte, este sucessor consiga dar continuidade do tesouro do clã. Em situações especiais, alambamento (casamento tradicional, não civil nem religioso), nos óbitos, o ancião goza de um estatuto especial diante dos restantes membros da família, é ele que muitas vezes é o porta-voz que fala na assembleia. É uma figura que a própria família conhece e valoriza o seu estatuto.

---

[112] Carlos Ervedosa (1979, p. 9).

Dando sequência ao tema em discussão, apresentamos de seguida outra categoria relativa a quarta classe na língua Quimbundo.

4ª. Classe (*ji-sabu*)

Há alguns textos que, isoladamente, não constituem uma classe, e, nestes casos, integram os provérbios. Por isso, «Sob a designação geral de provérbios englobámos os provérbios propriamente ditos, os adágios, os rifões e demais afins».[113]

> Do património espiritual de um povo – a riqueza tradicional acumulada desde a primitividade de sua consciência – os provérbios constituem o píncaro de sua sabedoria. Na profundidade das sínteses, quais cristalizações do pensamento, contêm a essência dos ensinamentos da vida. Portanto, os provérbios representam uma medida aferidora da cultura de um povo.[114]

Entretanto, apesar da sua complexidade na interpretação, o provérbio chega a encerrar um assunto, uma lição de vida de forma muito breve. Muitas vezes, não se necessita de diálogos muito prolongados para se ter a solução desejada, bastando um provérbio que se adeque a determinada situação e, de imediato, se consegue a resposta do debate. Por isso, quanto à importância dos provérbios na vida dos povos, os ganenses dizem que *«Com uma pessoa sábia se fala com provérbios, não com prosa».*[115] *Este provérbio dá a ideia de que com uma pessoa inteligente nem sempre precisa de um discurso longo para entender o que se lhe está a dizer.*

---

[113] Óscar Ribas (1961, p. 131).
[114] Óscar Ribas (1961, p. 131).
[115] Provérbios acãs que refletem normas sociais [em linha]: https://wol.jw.org/pt/wol/d/r5/lp-t/102003206

Entre as partes integrantes de um debate, podem dirigir-se perguntas e respostas usando o mesmo recurso. No entanto, «[…] Para alcançarmos a compreensão, há que desvendar as metáforas, ou antes, a alegoria de que se reveste».[116] Assim,

> A quarta classe, prossegue Chatelain, é a da Filosofia, não metafísica, mas moral, e representada por provérbios chamados ji-sabu. Esta classe está ligada de perto às maka; muitas vezes uma história deste tipo não é mais que a explicação de um provérbio, assim como um provérbio é frequentemente a síntese de uma história[117].

Através destes textos, os sujeitos são dotados de capacidades que lhes permitem interagir com os outros membros da comunidade, mesmo sem ter frequentado uma instituição escolar moderna, apenas o tradicional. Sendo daí que se reveste a importância dos provérbios. Apresentam-se como recursos usados para a resolução dos vários problemas sociais, sendo que quem os usa para esses fins, ou seja, para resolução de problemas, é um leitor dos comportamentos da sociedade. Em algumas sociedades, não só o povo não culto usa os provérbios, mas sim, os diplomatas também os usam «Os ganenses costumam citar provérbios em casamentos, funerais e também na música folclórica. Os ditados são indispensáveis nas conversas diplomáticas e um porta-voz ou um emissário não raro usa provérbios com habilidade».[118] Tal como em Angola.

Apresentamos a seguir o exemplo de alguns provérbios angolanos dados por Óscar Ribas (1961):

> «*A quem viste de noite, de dia não o esqueces*».

---

[116] Óscar Ribas (1961, p. 32).
[117] Carlos Ervedosa (1979, p. 10).
[118] Provérbios acãs que refletem normas sociais [em linha]: https://wol.jw.org/pt/wol/d/r5/lp-t/102003206

Sentido: devemos ser agradecidos para com os nossos benfeitores.

Análise: a noite figura a situação crítica e o dia, a melhoria da vida.

Corolário: se, com o reconhecimento, noturno, impossível se torna o irreconhecimento diurno, também não se pode olvidar no desafogo quem nos valeu na aflição. Logo, a gratidão para com essa criatura».[119]

O autor[120] apresenta os restantes provérbios na língua quimbundo acompanhados de sua tradução e interpretação, passamos a descrever os da nossa escolha:

> Ngajiba xitu, makamba, ndûmbua; uta uabudika, makamba ma-ngi-lênge.
>
> *Matei caça, são muitos os amigos; partiu-se a espingarda, os amigos me fugiram.*

Sentido: muito tens, muito vales, nada tens, nada vales.

> Ukêmbu ua pêtu, moxi isuta.
>
> *Luxo na almofada, farrapos por dentro.*

Sentido: encantador por fora, deplorável por dentro.

> Ku muânyu, udiáku; ku usudi, kudié-ku…
>
> *Na paciência, comes; na preguiça, não comes.*

Sem paciência, nada se consegue.

Numa tentativa de adequação do ensino aos valores culturais da sociedade, seria a partir da função de entreter destes

---

[119] Óscar Ribas (1961, p. 132).
[120] Óscar Ribas (1961, p.134, 135).

textos em que podemos ter um ponto de partida para a exploração de mais elementos que nele estão escondidos, como a moral. São textos que necessitam que têm de ser interpretados. Podemos, ainda, com os mesmos desenvolver a apetência à leitura dos alunos. Como afirma Celestin Freinet,[121] a escola do futuro deverá girar em torno do formando, como membro da comunidade. Neste caso, para a programação do ensino, a escola, deverá olhar para as necessidades sociais do aluno. Isto se enquadra em razão dos alunos absorverem esta realidade fora da escola, ainda assim, se partirmos disto para os educar, poderá servir como estímulo para demais aprendizagens subsequentes.

Por os textos que passam apenas pela oralidade serem suscetíveis à extinção, torna-se necessário que a escola seja integradora de culturas «A escola tem de tornar-se templo e tempo de cultura. Esta deve estar ali sob as suas formas mais importantes: a ciência, a arte, a técnica, a filosofia, o mito, a religião, o jogo. Se a escola assim se tornar, torna-se lugar e tempo de qualidade de vida infantil e juvenil».[122]

5ª. Classe (*mi-imbu*)

A quinta classe refere-se à poesia e à música, pelo que a poesia não é tida como um género à parte, ela está inserida na canção, sendo este o género mais vulgar do que todos os outros que aqui tratamos. Tal como diz o filósofo alemão Herder «as canções e a poesia do povo representam a quintessência da cultura».[123] (Mas não descreve quais os primeiros elementos que dão a essência de uma cultura).

Nelas abordam-se vários temas do quotidiano, predominando o tema "amor". Tem relevo o amor entre um homem e uma mulher, (quando se desejam, se separam, ou

---

[121] Celestin Freinet (1973).
[122] Patrício (1990, p. 92) *apud* Sardinha e Machado (2014, p. 14).
[123] Herder *apud* Clara Bertrand Cabral (2011, p. 59).

mesmo quando se parte para a reconquista). É exaltado se alcançado; lamenta-se caso desmorone. De entre todas as possibilidades de se cantar o amor, o inalcançável tem destaque, visto que, às vezes, a pessoa desejada é casada com outrem.

Apesar das várias facetas da abordagem do amor acima descritas, algumas destas canções podem, inclusive, ser dedicadas a determinado casal exemplar, aquele casal que é um modelo positivo.[124] Por ser um género abrangente, manifesta-se também como a balada, a elegia, [125] cantiga, etc.

As canções compõem o género que integra mais elementos, sendo uma das formas de se fazer a poesia. São acompanhadas de dedicatórias feitas aos amigos ou à pessoa que se deseja[126]. Na canção estão presentes alguns géneros já tratados como provérbios e adivinhas. Portanto, esta quinta classe é a da poesia e música, que vão de mãos dadas. Os estilos épicos, heróico, cómico, satírico, dramático e religioso estão bem representados, embora a importância não seja a mesma.[127]

É fácil de se notar o provérbio na canção, porque por vezes, no desenrolar da canção, quem a entoa para, cedendo tempo ao instrumental; a outra forma de se notar o provérbio dá-se antes de começar a cantar, usando-se nas palavras de introdução.[128]

Na música folclórica, em línguas nacionais, o recurso à rima é quase inexistente.

> Em regra, a poesia é cantada, e a música raramente se compõe sem palavras.

---

[124] Nzarra e Dalton, Música *Anito Gouveia* [em linha]: https://www.youtube.com/watch?v=iR90HoUgZFg
[125] Nzarra, *Tata yatelanga mbila* [em linha]: https://www.youtube.com/watch?v=0oa7dlQ2S6k
[126] Ngudia Bana feat Nzarra (*Ndadidie*) [em linha]: https://www.youtube.com/watch?v=3EvAkJgWh04
[127] Chatelain *apud* Carlos Ervedosa (1979, p. 10).
[128] Vaikeno, múscia *Ndinga* [em linha]: https://www.youtube.com/watch?v=QI2kFzGigwM

Os provérbios, embora nunca cantados, entrelaçam-se, tanto como as palavras cantadas, de elementos de versificação solta.

Na poesia existem poucos sinais de rima, mas muitos de aliteração, ritmo e paralelismo.

As canções são chamadas mi-imbu [129].

A poesia aplica-se ainda noutros moldes como diz: Shorter citado por Oliveira Américo (1999).

a) Poesia variada: amor, compaixão, caça, trabalho, prosperidade, oração;

b) Poesia oficial: (história), privada (religiosa, individual), comemorativa (panegírica); poesia culta, ligada às castas aristocráticas e senhoriais; poesia sagrada, cantada nos ritos religiosos, e mágicos, em cerimónias de sociedades secretas, em ritos fúnebres, poesia que interpreta a filosofia e os mistérios da vida e da morte; poesia popular, cantada nos jogos à volta do fogo, transmissora de ensinamentos morais e históricos;[130]

Em várias partes do mundo, a poesia é cantada. Aliás, pensamos que apresenta alguma pertinência um olhar sobre a perspetiva comparativista entre as canções angolanas com as cantigas líricas (de amigo, de amor) e as satíricas (de escárnio e de maldizer).

Neste género (canção), quando se fala do amor, podemos encontrar algumas semelhanças com as cantigas líricas (de amigo e de amor), e as satíricas (de maldizer e as de escárnio); nas de amigo, a amada chora de saudades pela ausência do companheiro, ausência que está determinada, muitas vezes, pelo

---

[129] Carlos Ervedosa (1979, p. 10).
[130] Shorter (1974, p. 117) *apud* Américo Correia Oliveira (1999, p. 53).

serviço guerreiro que os homens tinham de prestar ao seu rei ou ao senhor. O desabafo destas mulheres era feito em voz alta durante a primavera, momento em que há bastantes flores.[131] Para algumas regiões de Angola (Uíge), este é um caso que se viveu durante o cativeiro, em 1992-1995. Nesta época, os homens viajavam para procurar melhores condições de vida nas minas de diamante, nas províncias de Lunda Norte e Lunda Sul e, muitos destes já não regressaram, porque morreram afogados nos rios, ou ficavam enterrados nos buracos que cavaram. Outros, ainda, preferiram não regressar para as suas terras por vergonha de nunca ter conseguido o diamante. Surgiram, assim, cantigas em que se considerava o caminho das Lundas como caminho de alegria se se conseguisse o diamante e se mantivesse vivo; e caminho de perdição eterna caso não conseguisse o diamante, ou morresse. Assim, as mulheres que deixadas durante o período da procura dos diamantes, choravam pelos maridos entoando canções.[132]

Nas cantigas de amor, existe voz masculina identificando-se com a voz do trovador, havendo a expressão do amor como coita amorosa, sofrimento.[133] Nas canções angolanas, esta súplica, às vezes era para a reconquista, porque depois da partida dos homens para a procura de melhores condições de vida, ao regressarem encontraram as namoradas, ou as esposas comprometidas noutros relacionamentos, ou se a esposa conseguisse uma vida melhor que a do esposo, esta já não voltava para ele. Neste sentido, o tema da música é dominado pelas lamentações.[134]

---

[131] Cf. Maria Almira Soares (2015, p. 22).
[132] Matondo, *Matondo*, música não disponível na Youtube (Meus documentos).
[133] Cf. Maria Almira Soares (2015, p. 22).
[134] Família Chikile, *Toledo* [em linha]: https://www.youtube.com/watch?v=4BvXKnFDWE8

Já as cantigas satíricas, apresentam-se em escárnio e maldizer. Nas «cantigas de escárnio, a crítica é feita de modo alusivo, encoberto, através da ironia». Já nas «cantigas de maldizer, a crítica é direta e aberta».[135]

Este género, em Angola, é usado com o mesmo sentido atribuído ao do trovadorismo português. Neste país africano, as cantigas referem comportamentos individuais ou coletivos. Nas canções em que se escarnece, são criticadas personagens preguiçosas no trabalho de campo agrícola, ou qualquer outro trabalho;[136] aos que foram às grandes cidades à procura de melhores condições de vida e que regressaram por não terem conseguido; aos que fazem visitas na hora das refeições; aos que alguma vez furtaram coisa alheia; aos que não conseguem caçar animais, pescar; aos casais cujos relacionamentos não resulta de amor, mas sim de interesses por bens materiais, etc.[137] Nas canções que se assemelham às cantigas de maldizer os temas são os mesmos, mas mencionando-se o nome da personagem e o ato cometido.[138]

A diferença entre a poesia trovadoresca, que se concretizou nas cantigas líricas de amigo e de amor e as satíricas de escárnio e de maldizer e as canções africanas (angolanas) reside no espaço e no tempo da sua produção.

> [...] as cantigas eram feitas na corte, «Em Portugal, as cortes de D. Afonso III, D. Dinis e também de seu filho D. Pedro conde de Barcelos foram grandes focos de criação e divulgação desta primitiva poesia

---

[135] Maria Almira Soares (2015, p. 48).
[136] Família Chikile, *tio Matoso* [em linha]: https://www.youtube.com/watch?v=4BvXKnFDWE8
[137] Nzarra e Dalton, *tio Miguel*, [em linha]: https://www.youtube.com/watch?v=tOpC2SAf4ps
[138] Família Chikile, *tio Matoso*, [em linha]: https://www.youtube.com/watch?v=4BvXKnFDWE8

medieval peninsular. Em Castela, salientam-se as cortes de Fernando III e Afonso X.[139]

Porém, as cantigas tradicionais angolanas fazem-se em qualquer espaço, como no Onjango, à volta da fogueira, nos centros dos bairros, à noite, nas lavras, no fontenário, ao fazer qualquer trabalho, etc. Usam-se, como instrumentos musicais, a guitarra, o quissanje ou simplesmente a voz humana, isto é, sem qualquer instrumento musical para acompanhar as canções.[140] À volta da fogueira funciona como uma escola.[141] Quanto ao tempo, estes textos, para Portugal, deram-se no início da Literatura Portuguesa, «Os trovadores, poetas medievais, compunham poesia por comprazimento pessoal e gosto pela galanteria cortesã. O rei D. Dinis, por essa razão chamado rei-trovador, foi um dos mais importantes poetas medievais em galego-português».[142] Já em Angola, continuam a ser usados até aos nossos dias.

Este tipo de literatura não funciona apenas em Angola. Entretanto, como podemos verificar, hoje, em Portugal, ainda se faz esse tipo de literatura, embora não seja cortesã. Atentemo-nos no seguinte trecho «os que, sós ou em viagem, ao ar livre ou em casa, não passam uma hora sem trautear cantarolar, interpretar as velhas ou as mais novas canções da moda» (Saraiva, 1980, p. 123). Segundo o mesmo autor, as canções compõem o género poético das pessoas analfabetas, por isso não se realiza no papel para fazer um poema, mas, assume-se ao juntar os dois subtextos (linguístico e o musical) para se representar na canção. O autor

---

[139] Maria Almira Soares (2015, p. 7).

[140] Agostinho Neto, *poema Havemos de Voltar, quinta estrofe.* [em linha]: https://www.escritas.org/pt/t/13228/havemos-de-voltar

[141] Manuel Rui Alves Monteiro, poema, *Os meninos do Huambo,* musicado por Rui Mingas, [em linha]: https://www.youtube.com/watch?v=JpeYSKfHvF4, também musicado pelo português Paulo de Carvalho [em linha]: https://www.youtube.com/watch?v=Mij6ULLzUP0

[142] Maria Almira Soares (2015, p. 7).

português realça, ainda, a importância da canção dizendo que «[...] ela contribui enormemente para a educação do gosto musical e poético de populações ainda em boa parte analfabetas e incultas» (Saraiva, 1980, p. 128). Tendo em conta a importância dos textos da literatura oral, sendo elementos que reportam as vivências do povo, por exemplo «A música é certamente um dos meios privilegiados de expressão do sentir do povo, um dos campos em que melhor se revela a sua alma» (Leça, 1942, verso da capa).

6ª. Classe (*ji-nongongo*)

Esta classe pode ser encarada como um jogo, tornando-se ainda mais importante quando ela liga as ideias às palavras, levando à aprendizagem. Com efeito, leva os praticantes ao pensamento lógico ao interpretar enigmas, permitindo a decifração de imagens, o real e o imaginário. Assim, para Carlos Ervedosa,

«Uma sexta e última classe é representada pelas adivinhas, chamadas ji-nongongo, que são usadas somente como passatempo e divertimento, embora verdadeiramente úteis para aguçar a inteligência e espevitar a memória» (Ervedosa, 1979, p.10).

Em jeito de conclusão...

Entendemos que estes textos, além de servirem para entreter, detêm outra função igualmente importante por detrás do entretenimento, que é o sentido pedagógico. Dado o seu valor, torna-se necessário que os sujeitos absorvam este pendor cultural que os mesmos transmitem, visto que permite melhor enquadramento na sociedade. Assim, quanto ao espaço de realização, os mesmos desenrolam-se no Onjango, à volta da fogueira, em casa, na rua, nas "sentadas", para a resolução dos variados problemas sociais, familiares, tal como já referimos. Sendo assim, os textos da literatura tradicional são veículos fundamentais para a transmissão e consolidação da cultura angolana.

Bibliografia

Amaral, J. M. T. (2012). *Relatório de Estágio. O conto tradicional em contexto sala de Aula.* Covilhã: Universidade da Beira Interior.

Cabral, C. B. (2011). *Património cultural imaterial – Convenção da UNESCO e seus contextos.* Lisboa: Edições 70.

Ervedosa, C. (1979). *Roteiro da Literatura angolana.* Luanda: União dos Escritores Angolanos.

Freinet, C. (1973). *Para uma escola do povo.* Lisboa: Editorial Presença.

Laraia, R. de B. (2011). *Cultura. Um conceito antropológico*, 14ª edição. Rio de Janeiro: Zahar Editores.

Leça, A. (1942). *Música Popular Portuguesa.* Porto: Editorial Domingos Barreira.

Mesquita, A. (2013). O conto de fadas de tradição popular. In F. Azevedo e M. G. Sardinha (Org.), *Didática e Práticas. A Língua e a Educação Literária.* Guimarães: Opera Omnia.

Muzombo, W. I. M. (2018). *Cultura (s), escola e sociedade. A construção do leitor.* Trabalho apresentado para obtenção do grau de Mestre em Estudos Lusófonos. Covilhã: UBI.

Neto, A. *Havemos de Voltar* [em linha] https://www.escritas.org/pt/t/13228/havemos-de-voltar (acesso em 30.10.2017)

Oliveira, A. (1999). Da literatura tradicional angolana de transmissão oral, a impressa em português, *Educação & Comunicação*, 2, 53-79.

Parafita, A. (2007). *Património Imaterial do Douro: Narrações Orais, contos, lendas, mitos.* Vol.1. Lisboa: Âncora Editora.

Parafita, A. (2010). *Património Imaterial do Douro: Narrações Orais, contos, lendas, mitos.* Vol.2 e Vol.3. Lisboa: Âncora Editora.

Pennac, D. (1993). *Como um Romance.* Porto: ASA.

Pereira, S. (Org.) (2011). *Congresso Nacional "Literacia, Media e Cidadania"* 25-26 Março 2011. Braga: Universidade do Minho: Centro de Estudos de Comunicação e Sociedade.

Ribas, O. (1961). *Misoso, Literatura Tradicional Angolana,* 1º volume, 1ª Edição, Luanda: Tipografia Angolana.

Saraiva, A. (1980). *Literatura Marginalizada. Novos Ensaios.* Lisboa: Editorial Presença.

Saraiva, A. (1975). *Literatura Marginalizada, Vanguarda, Tradução, Crítica, Literatura pobre linguagem política, gralha. Sobre o slogan «O povo unido jamais será vencido».* Porto: Edição do autor.

Sardinha, Mª. da G. e Machado, J. (2014). Cultura, leitura, escola e sociedade: pontes na construção do social. In Mª. G. Sardinha, P. Osório e F. Azevedo (Org.), *Literacia Familiar e Culturas de Margem? Espaços de Concretização.* Raleigh, N.C.: Lulu Press.

Sidoncha, U. (2017). *Metamorfoses da cultura.* In U. Sidoncha e C. Moura (Coord.), *Metamorfoses da cultura.* Lisboa: Nova Veja.

Soares, M. A. (2015). *Ler os Clássicos hoje, Poesia Trovadoresca.* Lisboa: Texto Editora.

Traça, M. E. (1998). *O fio da memória. Do conto popular ao conto para as crianças.* 2ª edição. Porto: Porto Editora.

UNESCO (2010). *Recomendação Para A Salvaguarda Da Cultura Tradicional e Popular.* Tradução: Instituto dos Museus e da Conservação/Departamento de Património Imaterial.

Webgrafia

Augusto, Ngangula. Do mito à realidade. [em linha]. https://kapitololo.wordpress.com/2011/11/08/augusto-ngangula-do-mito-a-realidade/ (acesso em 23.10.2017)

Clube K, 15/09/2015, *O Mpla e os "pioneiros" Ngangula e Zeka - Makuta Nkondo.* [em linha]. http://club-k.net/index.php?option=com_content&view=article&id=22 161:o-mpla-e-os-pioneiros-ngangula-e-zeka-makuta-nkondo&catid=17:opiniao&lang=pt&Itemid=1067 (acesso em 10.07.2018)

Dicionário infopédia da Língua Portuguesa com Acordo Ortográfico [em linha] https://www.infopedia.pt/dicionarios/lingua-portuguesa/onjango (acesso em 25.11.2017)

Família Chikile, *Toledo* [em linha] https://www.youtube.com/watch?v=4BvXKnFDWE8 (acesso em 23.10.2017)

Família Chikile, *tio Matoso* [em linha] https://www.youtube.com/watch?v=4BvXKnFDWE8 (acesso em 23.10.2017)

2Matondo, *Matondo*, música não disponível na Youtube (Meus documentos).

Manuel, Rui Alves Monteiro, poema *Os meninos do Huambo, musicado por Rui Mingas* [em linha] https://www.youtube.com/watch?v=JpeYSKfHvF4, também musicado pelo português Paulo de Carvalho - https://www.youtube.com/watch?v=Mij6ULLzUP0 (acesso em 30.10.2017)

Nzarra e Dalton, Música *Anito Gouveia* [em linha] https://www.youtube.com/watch?v=iR90HoUgZFg (acesso em 18.10.2017)

Nzarra, *Tata yatelanga mbila* [em linha] https://www.youtube.com/watch?v=0oa7dlQ2S6k (acesso em 08.11.2017)

Ngudia Bana feat Nzarra(*Ndadidie*) [em linha] https://www.youtube.com/watch?v=3EvAkJgWh04

Nzarra e Dalton, *tio Miguel* [em linha]

https://www.youtube.com/watch?v=tOpC2SAf4ps (acesso em 23.10.2017)

Oratura em Angola [em linha] http://ombembwa.blogspot.pt/2011/09/oratura-em-angola-trecho-do-livro.html (acesso em 02.11.2016)

Provérbios acãs que refletem normas sociais, [em linha] https://wol.jw.org/pt/wol/d/r5/lp-t/102003206 (acesso em 13.11.2017)

Vaikeno, música *Ndinga*, [em linha] https://www.youtube.com/watch?v=QI2kFzGigwM (acesso em 23.10.2017)

Capítulo 5. Reflexão sobre metodologias de ensino da Língua Portuguesa na escola do I ciclo do Ensino Secundário - Barão Puna [143]

Abel Vidente Luemba[144]

Introdução

A Didática Específica das Línguas tem vindo a contribuir significativamente na procura de respostas sobre "como ensinar?" (metodologias), sem, no entanto, pôr de lado "o que ensinar?" (conteúdos), numa clara aproximação às necessidades sociolinguísticas. Na senda desta perspetiva didática, problematizamos a nossa reflexão com a seguinte pergunta de partida: *Como se ensina o português na Escola Barão Puna de Cabinda?* Ora, ao professor de Português recai a responsabilidade de munir os alunos das ferramentas necessárias para o uso correto e adequado da língua, todavia, recordamos que a língua é vista como ferramenta de ensino e aprendizagem para qualquer ramo de conhecimento em Angola. Deste modo, pese

---

[143] Luemba, A. V. (2019). Reflexão sobre metodologias de ensino da língua portuguesa na escola do I ciclo do Ensino Secundário - Barão Puna. In F. Azevedo, W. Muzombo, M. G. Sardinha e J. Machado (Coord.), *Literacia, Leitura e Cultura em Angola. Exemplos de boas práticas* (pp. 109-126). Braga: Centro de Investigação em Estudos da Criança / Instituto de Educação. ISBN: 978-972-8952-58-7
Este texto constitui a parte da discussão da pesquisa de campo da monografia da licenciatura apresentada no Instituto Superior de Ciências da Educação (ISCED-Cabinda) da Universidade Onze de Novembro no ano de 2016.
[144] Mestre em Estudos Lusófonos pela Universidade da Beira Interior.

embora a maior responsabilidade recair sobre o professor de Português, a transversalidade desta língua no Sistema Educativo Angolano responsabiliza qualquer professor que trabalhe numa determinada sala para a correção dos aspetos da língua. Aliás, à transversalidade da língua associa-se à interdisciplinaridade, característica que deve acompanhar todo e qualquer professor. Ao pretendermos refletir sobre este tema, não nos esquecemos da necessidade da formação do professor, do contexto do aluno e das possíveis metodologias a adotar de acordo com a situação dos envolventes.

Com efeito, o presente trabalho poderia ser desenvolvido e aplicado numa outra escola, pois não é a única com o ensino de Português, nem tão pouco com professores de Português. Qualquer resultado desta investigação não servirá apenas para a escola visada, tão pouco para os alunos e professores da mesma. Assim, um dos primeiros motivos da escolha da Escola Barão Puna foi a localização, pois achámos que ela está bem localizada e favorece maior mobilidade da população estudantil. Seguidamente, pelo número de alunos que recebe, acabando por constituir muitas turmas e, consequentemente, um número elevado de professores de Português. Basta recordar que na altura da realização da pesquisa, ano letivo 2015, a escola recebeu "6556 alunos que constituem 52 turmas com o total de 31 professores de Português"[145]. Não é em vão que é conhecida como "a capital dos alunos", conforme tivemos conhecimento aquando da realização das Práticas Pedagógicas II, no âmbito da licenciatura em Ensino e Investigação em Língua Portuguesa pelo Instituto Superior de Ciências da Educação (ISCED – Cabinda), naquela escola.

---

[145] Informação fornecida pelo Subdiretor Pedagógico, Sr. Alberto Luís Macosso, 13 de Outubro de 2015, das 10h às 10h45, no âmbito do processo de recolha de dados.

Comparativamente com outras escolas localizadas no centro da cidade, ela é a que mais acolhe alunos provenientes de diversos pontos da província, conferindo-lhe uma heterogeneidade significativa que, se calhar, outras escolas similares não apresentam. Acresce-se o facto de se tratar de uma escola com uma larga experiência na formação do homem, fruto de uma experiência que remonta à época colonial. Assim, cremos que os resultados desta investigação podem ser um bom indicador daquilo que é a docência de Português. Podem servir também de apelo ao uso de metodologias específicas de ensino de línguas, pois a existência, atualmente, da coordenação ZIP (zona de influência pedagógica), em que um número de escolas tem planificações conjuntas, pode fazer com que os efeitos deste estudo, destinado à Escola Barão Puna, se estendam a outras escolas e favoreçam a uniformização e acompanhamento da execução dos programas de LP.

Escolha dos pesquisados

Para a escolha dos pesquisados seguiu-se a amostragem probabilística, que consiste na escolha aleatória dos pesquisados. Preferiu-se esta amostragem pois possibilita compensar as falhas ou indisponibilidades na recolha dos dados; como foi o caso concreto durante aplicação do questionário.

Antes da aplicação do questionário, fez-se um teste para avaliar determinadas variáveis sobre o tempo útil do preenchimento da ficha por cada inquirido, uma vez que o tempo previsto estimava-se em 5 minutos. Este exercício de testagem foi aplicado a 3 professores da escola visada, quatro dias antes da aplicação do questionário definitivo, ou seja, no dia 05 de novembro de 2015. No mesmo dia, foi explicada a finalidade da pesquisa, que consistia em refletir sobre as metodologias usadas no ensino do Português na Escola Barão Puna, perspetivando outras abordagens metodológicas. Ultrapassada a fase de testagem, passou-se para a da aplicação do questionário aos professores que compõem a amostra, de acordo com a sequência que se segue: 8 professores no período matinal, 6 no período vespertino e 7 no período pós-laboral, totalizando uma amostra de 21 professores distribuídos segundo os dados apresentados no quadro nº 02 subsequente:

Quadro nº 1. Dados amostrais por período e género

Amostra	Frequência				Total	
	Masculino		Feminino			
	Freq.	%	Freq.	%	Freq.	%
Matinal	6	28,57	2	9,52	8	38,09
Vespertino	1	3,25*	5	23,80	6	28,59
Noturno	5	23,80	2	9,52	7	33,32
Total	12	57,16	9	42,84	21	100

Fonte: Questionário aplicado aos professores da Escola do I Ciclo do Ensino Secundário Barão Puna

O quadro nº 1 ilustra os dados amostrais da nossa pesquisa, nele trabalhámos com 21 professores distribuídos da seguinte maneira pelos turnos: 8 do período matinal que representam 38,09%, dos quais 6 masculinos (28,57%) e 2 femininos (9,52%); 6 do período vespertino representando 28,59%, sendo 1 masculino (3,25%) e 5 femininos (23,80%); finalmente o período pós-laboral que, com 7 inquiridos representa 33,32%, distribuídos em 5 masculinos (23,80%) e 2 femininos (9,52%), totalizando 100%.

Apresentação e discussão dos dados da pesquisa de campo

Tabela nº 1. Formação para o ensino Português

Respostas	Género				Total	
	Masculino		Feminino			
	Freq.	%	Freq.	%	Freq.	%
Sim	3	14,29	1	4,76	4	19,05
Não	9	42,86	8	38,09	17	80,95
Total	12	57,15	9	42,85	21	100

Fonte: Questionário aplicado aos professores da Escola do I Ciclo do Ensino Secundário Barão Puna

À luz dos resultados da tabela nº 1, a maior parte dos professores que lecionam Português na Escola Barão Puna não têm formação específica para o ensino do Português. Os mesmos resultados revelam que 17 inquiridos (80,95%) não têm nenhuma formação para ensinar o Português, contra 4 professores (19,05%) habilitados para exercício da atividade nesta disciplina. Esta falta de formação específica pode ter implicações negativas na aprendizagem dos alunos, uma vez que estes professores são adaptados e, nesta conformidade bastante limitados conteudística e metodologicamente. Dado curioso é o facto de no rol de professores sem formação estar presente um professor matriculado no I ano do curso de Ensino do Português no ISCED-Cabinda. Ainda assim, mesmo aqueles que dizem ter formação para o ensino do Português, o estudo revela não se tratar de formação específica no verdadeiro sentido da expressão, mas de seminários de capacitação, pois suas áreas de formação são completamente diferentes: 1 professor (Mestre) com formação em Supervisão Pedagógica e Administração Escolar; 2

professores (Licenciados) com formação em História e 1 professor (Licenciado) em Ensino da Pedagogia. Ora, aqui reside um dos muitos problemas no ensino do Português, porque, de acordo com Girard (1997, p.151), não há boa pedagogia sem uma sólida formação pedagógica, constituindo, deste modo, segundo os dados, uma grande baixa no conhecimento do procedimento metodológico para, por exemplos, os casos de heterogeneidade. Nesta tabela, verificamos o número de professores que afirmam possuir formação para o ensino do Português que, no fim de contas, se constituem em formação contínua ou como é denominado "seminários de capacitação"; com isso, interrogar-nos-íamos da eficácia desses seminários até que ponto conseguem capacitar verdadeiramente o professor. De certeza, este assunto seria um ponto para muita discussão, entretanto, não o aprofundaremos por uma questão de orientação da abordagem.

Tabela nº 2. Existência de metodologia para o ensino do Português nas escolas de Cabinda

Respostas	Género				Total	
	Masculino		Feminino			
	Freq.	%	Freq.	%	Freq.	%
Sim	3	14,3*	—	—	3	14,3
Não	9	42,85	9	42,85	18	85,7
Total	12	57,15	9	42,85	21	100

Fonte: Questionário aplicado aos professores da Escola do I Ciclo do Ensino Secundário Barão Puna

Considerando os resultados plasmados nesta tabela nº 2, constatamos que dos 21 inquiridos apenas 3 (14,3%) reconhecem a existência de metodologia para o ensino do Português nas escolas de Cabinda, contra 18 (85,7%) que não reconhecem a referida existência metodológica. Esta constatação leva-nos a considerar que o ensino do Português, do ponto de vista metodológico, é feito na Escola Barão Puna de forma aleatória. De facto, não se prima para uma metodologia única para todas as escolas, contudo, dada pesquisa verifica-se da inexistência de metodologias próprias para o ensino de línguas dado o contexto sociolinguístico de Angola. A não especificação de metodologias pode condicionar a aprendizagem do aluno e do próprio professor, porque o professor não conhece metodologias e não conseguirá adequar os conteúdos ou as técnicas para certos casos em sala de aulas. Na verdade, o que se pretende, quando há especificação metodológica, é "fornecer ao professor instrumentos de reflexão que permitam todas as iniciativas sem o deixar desprotegido" (Figueiredo, 2005, p.20) e possibilitar que ele contextualize a aprendizagem a fim de melhorar os níveis de aprendizagem do aluno.

Tabela nº 3. Planificações sobre metodologias a aplicar

Respostas	Género				Total	
	Masculino		Feminino			
	Freq.	%	Freq.	%	Freq.	%
Sim	7	33,33	3	14,29	10	47,62
Não	5	23,81	6	28,57	11	52,38
Total	12	57,14	9	42,86	21	100

Fonte: Questionário aplicado aos professores da Escola do I Ciclo do Ensino Secundário Barão Puna

Em relação à existência de discussões durante as planificações sobre metodologia nota-se um equilíbrio nas tendências reveladas pelos inquiridos. Tal equilíbrio resulta da aproximação numérica entre o sim e o não, pois 21 inquiridos, 10 (47,62%) afirmam que discutem as metodologias durante as planificações e 11 (52,38%) não discutem. Entretanto, olhando para os dados desta e da anterior tabela, verifica-se uma contradição, pois o equilíbrio entre os que assumem a discussão de metodologias durante as planificações cria rutura com os cerca de 85,7% da tabela nº 2 que declararam falta de metodologias para o ensino do Português nas escolas de Cabinda. Aqui, as planificações sobre metodologias a aplicar seriam importantes, porque haveria partilha de experiências e técnicas que pudessem ajudar um ou outro professor, principalmente para aqueles casos em que os problemas se assemelham. Não havendo tais discussões, implica que cada professor trabalha com bem entende, sem consulta do grupo de professores ou ainda da coordenação da disciplina, fazendo que os mesmos problemas se repitam continuamente.

Tabela nº 4. As metodologias que mais discutem

Metodologia	Género				Total	
	Masculino		Feminino			
	Freq.	%	Freq.	%	Freq.	%
Retextualização	1	10	2	20	3	30
Metodologia para autocorreção	3	30	-	-	3	30
Abordagem natural	-	-	-	-	-	
Outra[146]	3	30	1	10	4	40
Total	7	70	3	30	10	100

Fonte: Questionário aplicado aos professores da Escola do I Ciclo do Ensino Secundário Barão Puna

---

[146] Como metodologias apontadas pelos pesquisados foram as seguintes: elaboração conjunta, expositivo, socrático…

116

A frequência das metodologias mais discutidas aparece distribuída na tabela nº4 da seguinte maneira: 3 frequências (30%) para Retextualização e a Autocorreção respetivamente, recaindo a maior percentagem 4 frequências (40%) para a aplicação de outras metodologias, ainda que as referidas metodologias estivessem mais ligadas a métodos de apresentação de informação oral: socrático, expositivo, elaboração conjunta e explicativo. A aplicação desses métodos de abordagem provoca, muitas vezes, desadequação metodológica para os alunos com menos capacidades linguísticas. Estes métodos primam, geralmente, pela memorização de regras, reprodução de frases e o ensino isolado das regras o que não é suficiente para o desenvolvimento da competência linguística-comunicativa, pois o aluno tem de aprender a descodificar a função de uma palavra ou compreende construção frásica tendo em conta o contexto, a posição e forma que a palavra tomar.

Tabela nº 5. Trabalho do professor numa turma de baixo aproveitamento em Português

Comportamento do professor	Género				Total	
	Masculino		Feminino			
	Freq.	%	Freq.	%	Freq.	%
Dou exercícios	3	14,29	3	14,29	6	28,58
Trabalho no conhecimento empírico do aluno	1	4,76	-		1	4,76
Procuro saber com que regularidade usa o Port. em casa	-	-	-	-	-	-
Peço que se esforcem mais	8	38,09	6	28,57	14	66,66
Outra	-	-	-	-	-	-
Total	12	57,14	9	42,86	21	100

Em relação ao trabalho do professor numa turma de baixo rendimento em Português, o comportamento dos professores é díspar como reflexo do fraco aproveitamento das metodologias mais aconselháveis no ensino de línguas e, neste caso do Português. Dos 21 professores que constituem a nossa amostra, perante uma turma de baixo aproveitamento, 6 (28,58%) baseiam o seu trabalho em exercícios para casa, 1 (4,76%) professor trabalha no comportamento empírico dos alunos e 14 (66,66%) limitam-se a pedir aos alunos que se esforcem mais, típico do professor autoritário e não reflexivo. Com efeito, estes resultados podem significar que os professores dão pouca importância ao aluno com baixo aproveitamento nas suas aulas. Na verdade, o professor deve procurar, juntamente, com aluno a melhor maneira de superar as dificuldades mesmo reconhecendo que cada aluno é visto, dentro do grupo, um caso particular. O comportamento apresentado atropela a função do professor como orientador, como aquele, segundo Bártolo Paiva Campos *apud* Ferraz (2006, p.69), que age em resultado da análise da situação enfrentada, e consciente de que só há ensino quando há aprendizagem tendo, por isso, como meta o sucesso dos alunos, que é, de igual modo, o seu próprio sucesso.

Tabela nº 6. Procedimento durante as aulas do funcionamento da
Língua

Hipóteses	Género				Total	
	Masculino		Feminino			
	Freq.	%	Freq.	%	Freq.	%
Frases	7	33,33	1	4,76	8	38,09
Excertos	-		-			-
Textos	3	14,29	-		3	14,29

Aspetos da Língua de forma isolada	2	9,52	8	38,10	10	47,62
Outra	-	-	-	-	-	-
Total	12	7,14	9	42,86	21	100

Fonte: Questionário aplicado aos professores da Escola do I Ciclo do Ensino Secundário Barão Puna

Os resultados da tabela nº 6 são importantes, pois podem ser o reflexo de como se ensina o Português nas escolas. Os mesmos resultados podem indiciar se se continua a ensinar o Português à moda tradicional, numa clara metodologia que privilegia o ensino isolado da gramática ou se há mudança de paradigma do ponto de vista da aplicação das metodologias de ensino das línguas mais contextuais. Efetivamente, os dados representados nesta tabela continuam a indicar uma prevalência do ensino do Português de forma isolada, pois 10 professores (47,62%) assumem usar aspetos da língua de forma isolada durante as aulas de ensino do funcionamento da língua, e 8 professores (38,09%,) ensinam o funcionamento da língua usando frases isoladas. Apenas 3 professores (14,29%) enquadram o ensino do funcionamento da língua no texto. Portanto, o ensino isolado da gramática pode representar um grande problema no ensino da Português se se tiver em conta que o texto funciona como um todo coeso cujo sentido depende da compreensão que se tem dos elementos que o constituem. Procurar compreendê-los isoladamente pode desvirtuar o verdadeiro sentido do texto, e Fonseca (1994, p.157) alerta que "uma descrição do funcionamento da língua que se detenha ao nível da frase é manifestamente insuficiente para servir de base teórica ao ensino-aprendizagem do funcionamento do texto inerente a uma pedagogia da escrita", remetendo, neste caso, para a compreensão do trabalho com o texto, conforme Nzau (2012, p.7), ser necessário que professor de língua Portuguesa cultive a ideia de que o texto é uma construção cujos artefactos são as palavras que, para surtirem efeitos desejado, devem estar harmoniosamente dispostas em conformidade com as regras de boa coerência e coesão textuais.

Tabela nº 7. Respostas sobre da conceção do bom professor

Conceção	Género				Total	
	Masculino		Feminino			
	Freq.	%	Freq.	%	Freq.	%
Exige que os alunos se adaptem a sua realidade	8	38,09	6	28,57	14	66,66
Adapta-se à realidade dos alunos	4	19,05	3	14,29	7	33,34
Total	12	57,14	9	42,86	21	100

Fonte: Questionário aplicado aos professores da Escola do I Ciclo do Ensino Secundário Barão Puna

Um conceito bastante recorrente nas abordagens atuais no ensino de línguas é a "reflexibilidade", e a tabela nº 7 pode levar-nos aos meandros deste conceito. Olhando para os resultados da tabela, nota-se uma tendência inversiva daquilo que se pode considerar uma boa prática no processo de ensino-aprendizagem, na medida em que grande parte dos professores inquiridos, 14 (66,66%) violam este bom princípio de ensino ao exigirem que os alunos é que se devem adaptar à sua realidade. A este respeito, Nzau (2012:5) alerta o facto de não ser tarefa fácil primar pela existência de um professor reflexivo e mimético, apesar de hoje se exigir um professor agente de mudança. O professor de Português – prossegue Nzau – não deve ensinar apenas a Língua Portuguesa, mas, sim, um sujeito capaz de apostar no carácter transversal da mesma língua, na medida em que a referida transversalidade pode ser benéfica e passível de atenuar ou superar inúmeras debilidades quer nos formandos, quer nos formadores. Em contrapartida, quase um terço dos inquiridos – 7 professores (33,34%) é que se adaptam à realidade dos alunos.

Tabela nº 8. Procedimento do professor perante novos alunos no começo do ano letivo

Conceção	Género				Total	
	Masculino		Feminino			
	Freq.	%	Freq.	%	Freq.	%
Aplico teste diagnóstico	5	23,81	3	14,29	8	38,1
Dou pouca importância	-	-	-	-	-	-
Consulto o programa	2	9,52	2	9,52	4	19,04
Deixo que as dificuldades e o conhecimento se revelem	5	23,81	4	19,05	9	42,86
Total	12	57,14	9	42,86	21	100

Fonte: Questionário aplicado aos professores da Escola do I Ciclo do Ensino Secundário Barão Puna

A reflexibilidade no processo do ensino leva o professor a preocupar-se em conhecer constantemente os alunos com que trabalha, a fim de se poder adaptar às suas necessidades. Uma das boas práticas aconselhadas ao professor, principalmente, no começo de cada ano letivo é a aplicação de um teste diagnóstico que lhe poderá dar uma visão geral sobre os níveis de competência individual dos alunos com que vai trabalhar. Ora, perante novos alunos no início do ano letivo, os resultados da tabela nº08 indicam que a percentagem dos professores que aplicam o teste diagnóstico é inferior do que daqueles que deixam as dificuldades e o conhecimento revelarem-se ao longo das sessões letivas. Concretamente, 9 professores (42,86%) não aplicam teste diagnóstico no início do ano letivo, 4 professores (19,04%) consultam apenas o programa de disciplina da referida classe e 8 professores (38,1%) aplicam teste diagnóstico no início do ano letivo. Convém, contudo, realçar que um professor atual e atualizante tem de organizar a sua atividade e carreira a volta dos 4 pilares fundamentais de educação: i) aprender a conhecer; ii) aprender a fazer; iii) aprender a viver juntos; iv) aprender a ser (De Lord *apud* Nzau, 2012: 5). O conhecimento do aluno poderá ajudar o professor a programar devidamente os conteúdos no intuito de superar possíveis dificuldades encontradas.

Conclusões

Apesar de considerarmos que, para o ensino de Português, não existirá uma metodologia adequada única, pois cada aluno, turma ou escola é um caso particular, do mesmo jeito que cada professor é um só, também tomámos conhecimento da existência de problemas a nível do ensino da mesma língua. Daí que a contribuição de todos na busca de soluções para as dificuldades inerentes ao processo de ensino-aprendizagem do Português é fundamental. E este estudo insere-se neste espírito, pois procura contribuir no melhoramento do ensino do Português nas escolas de Cabinda, tendo a Escola do I Ciclo do Ensino Secundário Barão Puna a nossa escolha, pese embora, reconhecemos o seu pioneirismo caracterizado sobretudo pela escassez de referências contextualizadas.

Barão Puna é uma escola com a qual apresentamos alguma relação de proximidade por diversas razões de que destacamos: a participação frequente em reuniões dos encarregados de educação, a presença de professores amigos que nela lecionam e, sobretudo, a realização das sessões de Práticas Pedagógicas I e II no referido estabelecimento de ensino, no âmbito da licenciatura no Curso de Ensino da Língua Portuguesa no ISCED da

Universidade 11 de Novembro (UON), em Cabinda. Estas e outras razões, mas com maior incidência sobre a última, levam-nos a considerar que o ensino do Português, naquela escola, ainda se prende ao método tradicional do ensino da gramática de forma isolada. Esta nossa constatação inicial é confirmada pelos resultados da pesquisa empírica, ao indicarem que a maioria dos professores inquiridos, avaliados em cerca de 47,62%, afirmam ensinar Português de forma isolada.

Ainda em relação à aplicação de alguma metodologia para o ensino do Português, constatámos que não existe uma clara definição de uma metodologia a seguir, ainda que os professores considerem haver reuniões de planificação. Esta lacuna tem favorecido que cada professor trabalhe não só conforme lhe convier, mas também despreocupadamente.

Além desta constatação, outro elemento ligado à metodologia que prendeu a nossa atenção durante a recolha de dados diz respeito à falta de adaptação às novas tendências metodológicas de ensino de línguas, assentes no conceito de professor reflexivo. Esta característica, que se exige a um profissional da educação, faz com que o "professor deixe de ser apenas um transmissor de conhecimentos para se transformar em alguém que consiga ajudar os alunos a resolver problemas, ultrapassar dificuldades, para se tornarem sujeitos competentes, autónomos e interventivos" (Nzau, 2012, p.5). Ora, a realidade constatada no terreno afasta-se do paradigma do professor reflexivo, conforme se pode verificar nos resultados da tabela nº 11, onde a maioria dos inquiridos acha que têm de ser os alunos a adaptar-se ao professor, e não este àqueles.

Notámos também tendências autoritárias por parte de determinados professores em detrimento do seu verdadeiro papel de mediador, dirigente, orientador, árbitro, artífice. Fruto de algum autoritarismo exacerbado, muitos alunos, receosos, não ousam, inclusive, apresentar dúvidas, por temerem represálias por parte do professor. Podemos partilhar um caso que presenciámos, aquando da realização das Práticas Docentes II, de um grupo de 5 alunos que preferiram dirigir-se para um professor estagiário que acompanhava a aula do professor titular da turma. Fora da sala, após a aula, os alunos chamaram o professor estagiário para lhe apresentarem dúvidas da aula dada, justificando a atitude pelo facto de o professor titular não admitir a apresentação de dúvidas, assim como também para não ouvirem palavrões da boca do professor titular, conforme era habitual.

Convém referir também o comportamento revelado pelos professores nas avaliações. Segundo constatámos, nas provas, vulgarmente conhecidas como *provas do professor,* é frequente aparecerem perguntas ligadas ao texto em formatos diferentes daqueles que eram frequentes nas aulas, assim como a presença de exercícios não resolvidos no período de aulas. Nota-se, assim, que se trabalha pouco com o texto durante as aulas nos exercícios de demonstração do funcionamento da língua, contra a exigência que disso se faz em momentos de avaliação.

Entretanto, baseando-nos na informação tida antes da pesquisa, em combinação com os resultados da empiria apresentados, podemos considerar que o objetivo da nossa reflexão foi largamente atingido, pois não só tomamos conhecimento sobre como se ensina o Português na Escola Barão Puna, como também ficamos a conhecer as tendências comportamentais dos professores no exercício da sua atividade docente. Por sua vez, os resultados da pesquisa empírica permitem-nos, de facto, afirmar que as hipóteses se confirmam. Tal confirmação deriva das seguintes constatações:

1. Dos 21 inquiridos, 10 professores (47,62%) assumem o ensino dos aspetos da língua de forma isolada. Entretanto, as tendências atuais de ensino não consideram plausível esta prática, pois é suscetível de prender os alunos à memorização dos aspetos da língua, dificultando o seu desenvolvimento discursivo ou textual. Daí que um dos grandes desafios para o professor de português atual passa, como afirma Nzau (2012: 5,6), por

"combater a reincidente e velha prática do ensino da gramática de forma isolada", sendo que o professor - continua o mesmo autor - "deve levar o aluno a compreender que o significado resulta da tríade forma-posição-função, pelo que toda a abordagem gramatical deverá ter como suporte o texto". Nesta perspetiva, confirma-se a hipótese de pouca presença do texto no ensino do funcionamento da língua, fazendo com que este seja ensinada isoladamente, com todos os riscos que se reconhece a esta prática.

2. Dos 21 inquiridos, 11 professores (52,38%) afirmam não fazer discussões de metodologias a serem aplicadas, confirmando-se, assim, a hipótese de que "cada professor procura usar uma metodologia de ensino que mais lhe convém, independentemente dos resultados da sua aplicação". Contudo, a não uniformização das atividades ou mesmo a não existência de tais discussões, faz com que cada professor trabalhe como queira e manifeste pouca preocupação com o tipo e a natureza do aluno com que trabalha.

3. Dos 21 inquiridos, 14 professores (66,66%) exigem que os alunos se adaptem à realidade do docente e não o contrário. Este comportamento confirma a hipótese acerca da "ausência de carácter reflexivo, provocando desajustamento da realidade envolvente dos alunos". É necessário, contudo, que o próprio professor se convença que ele não apenas é um simples transmissor de conhecimentos, mas, sim, um sujeito capaz de ajudar o aluno a resolver problemas, até os mais sensíveis, no intuito de o tornar autónomo, interventivo, livre e democrata, como considera Nzau (2012).

Podemos, em suma, concluir que a metodologia de lecionação de Português na Escola Barão Puna, e nas escolas no geral, necessita de maior atenção e melhor acompanhamento, pois as dificuldades evidenciadas pelos professores são transversais. Elas não apenas se manifestam a nível da planificação, mas também a outros níveis, tais como a execução das aulas e avaliação dos conteúdos lecionados. Quanto a este último nível, é importante cultivar os bons princípios pedagógicos de que a prova não representa um momento de ajuste de contas entre o professor e os alunos, mas, tão-somente, um verdadeiro momento de controlo da atividade docente do professor e da aprendizagem do aluno, ou seja, um momento de controlo recíproco da qualidade de trabalho realizado pelo professor e da qualidade e quantidade de conhecimentos adquiridos pelo aluno.

Referências

Ferraz, M. J. (2006). *Ensino da Língua Materna*. Lisboa: Editorial Caminho.

Figueiredo, O. (2004). *Didática do Português Língua Materna*. Porto: Edições Sá.

Fonseca, F. I. (1994). *Gramática e Pragmática. Estudos de Linguística Geral e Linguística Aplicada ao Ensino do Português*. Porto: Porto Editora.

Girard, D. (1997). *Linguística Aplicada e Didática das Línguas*. (3ª ed.). Lisboa: Editorial Estampa.

Nzau, D. G. (Nd.) - *Que professor para o Ensino da Língua Portuguesa? Reflexões acerca dos desafios em cenários multicultural e multilingue*. Cabinda: artigo apresentado nas IV jornadas científicas do ISCED - Cabinda, 2012. Artigo atualmente disponível *in* Luís, A. A. C. *et al.* (Org.) (2016). *A Língua Portuguesa no Mundo – Passado, Presente e Futuro*. Lisboa: Edições Colibri.

Capítulo 6. O papel dos agentes das literacias em Angola: das oportunidades e ações [147]

Catarina Lima[148]

Resumo

O presente artigo teve por objectivo principal estudar e promover competências de literacia em jovens que frequentam o II° Ciclo do Ensino Secundário e Magistério (10°, 11°, 12° e 13° ano) em Angola para uma melhor aprendizagem da leitura/escrita, com vista a contribuir com pressupostos teóricos e metodológicos para a construção de Comunidades de leitores na escola angolana, bem como apresentar propostas para a formação de leitores competentes, visando a redução dos níveis de literacia no país. No âmbito desta pesquisa foi aplicado um inquérito por questionário dirigido aos professores de Português cujo objectivos foi de conhecer as percepções dos professores sobre a forma de abordar o(s) texto(s) em sala de aula, desmistificar algumas crenças na leitura e exploração das obras literárias e promover a leitura do livro visando o desenvolvimento de competências de literacia.

---

[147] Lima, C. (2019). O papel dos agentes das literacias em Angola: das oportunidades e ações. In F. Azevedo, W. Muzombo, M. G. Sardinha e J. Machado (Coord.), *Literacia, Leitura e Cultura em Angola. Exemplos de boas práticas* (pp. 127-168). Braga: Centro de Investigação em Estudos da Criança / Instituto de Educação. ISBN: 978-972-8952-58-7

[148] Mestre em Estudos Didáticos, Culturais, Linguísticos e Literários pela Universidade da Beira Interior (Covilhã, Portugal).

Introdução

"As mudanças sociais e tecnológicas ocorridas nos últimos anos conduziram a um tipo de sociedade que é hoje consensualmente designada por sociedade de informação." (Calixto, 1996, p. 11). Nesta perspetiva, "a escola e as bibliotecas não podem ignorar os novos desafios que se lhes colocam" (Calixto, 1996, p. 11), bem como os seus parceiros sociais.

Devem, sim, evidenciar, além dos que já têm sido evidenciados, mais esforços para colmatar algumas lacunas no âmbito das metodologias, das práticas, dos materiais e até das crenças dos professores.[149] Assim, pensamos poder afirmar que é urgente combater certas tendências, visando a adequação destes setores e da escola à atualidade. Acreditamos que, cada vez mais, os professores, enquanto agentes de literacia, deverão levar a cabo trabalhos de investigação profundamente implicados com a sua práxis, por forma a poderem rever metodologias que lhes permitam desenvolver estratégias adequadas à aprendizagem dos alunos.

Se, nas nossas sociedades, os leitores são genericamente, e em primeira instância, uma construção da escola, porque é aí que a aprendizagem da leitura se formaliza, é indiscutivelmente relevante uma abordagem que procure esclarecer como é que, nessa mesma escola, se ensina a ler e que tipo de metodologias e de textos são levados ao contexto pedagógico com mais frequência nesse processo.

De facto, foi a necessidade de investigar acerca das formas de interrogar o texto na nossa sala de aula que motivou, junto dos professores de Português do 2º Ciclo do Ensino Secundário, a indagação sobre as práticas e constrangimentos no que se refere a metodologias enquadradas na didática do texto de potencial receção leitora infanto-juvenil, crendo, de igual modo, que as

---

[149] Mais adiante, falaremos das crenças dos professores.

128

atividades e os materiais selecionados e a metodologia seguida podem ser, frequentemente, a causa de problemas diversos no domínio e capacidade de exercitação da língua por parte dos seus utilizadores.

Outros aspetos aqui a destacar e que mereceram a nossa atenção no momento da análise dos questionários aplicados aos professores, foi que estes lecionam e selecionam os trabalhos e os textos, de uma maneira geral, baseados unicamente, nos textos que constam nos manuais, e, efetivamente, quase todos seguem o critério tradicional (leitura e interpretação do texto pelo texto), sem ter em conta os modelos pedagógicos inovadores sobre a literacia, a leitura, a sua promoção e a formação dos mediadores como são os propostos por vários autores de didáticas inovadoras, que nos propomos a abordar, nomeadamente: (Azevedo & Sardinha, 2013; Giasson, 1993; Yopp & Yopp, 2006; Pontes & Barros, 2007), entre outros.

A realidade angolana, no que concerne aos hábitos de leitura dos alunos, tem revelado que é urgente um investimento na escola quer relativamente às práticas de ensino quer aos aspetos motivadores que tornem os alunos verdadeiros leitores na escola e no quotidiano. A título de exemplo referimos o *Relatório de Avaliação Global da Reforma Educativa* em Angola (CAARE), em que os Resultados da Escrita dos alunos na disciplina de Língua Portuguesa foram avaliados apenas com base na escrita do nome próprio, conforme lê-se "Longe de avaliar a capacidade da escrita de cada um dos alunos da amostra, com a produção de pequenos textos ou por meio de um ditado [...] optou-se pela avaliação da escrita do nome próprio" (Felizardo & Cabral, 2014, p. 114).

Ainda no referido processo, foram utilizados os mesmos "procedimentos metodológicos"[150] de avaliação em todos os níveis do ensino Geral, tal como o relatório descreve os resultados em Língua Portuguesa do 2º Ciclo:

> Como se constata na tabela/gráfico 31 (...), em Língua Portuguesa, apenas Luanda (3,2 valores), conseguiu obter, na globalidade um valor no nível 1, superior à metade (3 valores), situando-se, por isso, acima da média nacional; as demais províncias situam-se abaixo do suficiente, com o Cuando Cubango a apresentar o mais baixo resultado (1,7 valores). Quanto ao género, sobressaem apenas duas províncias, com os valores mais altos e superiores à metade do total esperado, Moxico (3,4) e Luanda (3,2), enquanto o Cunene e o Cuando Cubango (1,8), respectivamente, são as de mais baixos resultados. Nos demais níveis de aprendizagem, ainda em Língua Portuguesa, a realidade é relativamente melhor, pois os resultados, embora não atinjam o valor máximo, situam-se maioritariamente à volta do suficiente: no nível 2,8 (oito) províncias obtiveram a metade (1 valor) do total esperado e 2 (duas) superaram-na ligeiramente, com 1,1 valores (Luanda e Zaire), (Felizardo & Cabral, 2014, p. 114).

Sabemos hoje que um aluno com baixos níveis de leitura apresenta dificuldades na aprendizagem das várias disciplinas curriculares. Como afirma Saraiva (1993, p. 15) "tudo começou pela linguagem", acrescentando, mais tarde, que o aspeto lúdico da cultura, tal como da linguagem se tornou inegável, o que, para nós, apenas comprova que a leitura, como uma das formas

---

[150] Cf. Anexo, Critérios de Avaliação da Escrita; Critérios de Operacionalização dos valores por níveis de aprendizagem no 2º Ciclo Geral; Critérios de Operacinalização dos valores por níveis de aprendizagem no 2º Ciclo de Formação de professores e ensino técnico profissional.

culturais existentes, está carregada de ludicidade, factor que deve ser considerado em favor da sua promoção.

> Ler é um ato cultural, sendo parte integrante da nossa vida, tal como o é a linguagem, ambos carregados de memórias anteriores, dos seus significados, sistematicamente conducentes a novas leituras, numa comunhão entre corpo, espírito e sociedade. (...) Atualmente, não se constrói o coletivo sem leitura, sem memória. (Damásio & Sardinha, *apud* Azevedo, 2012, p. 109).

O aluno que lê e interpreta o texto compreende de uma forma diferente todo o tipo de textos. O aluno que não lê, apresenta muitas lacunas e tem inclusivamente dificuldades quando tenta entrar no mundo do trabalho e quando entra tem menor probabilidade de obter cargos de maior responsabilidade no seu futuro profissional[151].

> Aos alunos do século XXI é exigido um processo de aprendizagem ao longo da vida, por forma a desenvolver competências linguísticas, comportamentais e tecnológicas, que permitam a sobrevivência na sociedade e no mercado de

---

[151] Cf. AA VV, *Leer en la infancia facilita obtener puestos gerenciales*, Universia, Notícias Mexico, documento publicado a 15.04.2011. [Em linha]: http://noticias.universia.net.mx/enportada/noticia/2011/04/15/812497/leer-infancia-facilita-obtener-puestos-gerenciales.html. No estudo conduzido pelo Departamento de Sociologia da Universidade de Oxford, levado a cabo por Mark Taylor, foram analisadas 17.200 respostas a um questionário realizado a pessoas nascidas em 1970, acerca dos seus passatempos aos 16 anos e a sua profissão atual. Os resultados demonstraram que as jovens que tinham lido livros por prazer antes antes dos 16 anos de idade tinham 39% de possibilidades de obter um posto de trabalho de chefia aos 33 anos, sendo que, no caso dos rapazes, essa percentagem subia para 58%. Apesar de outras variáveis poderem explicar estas diferenças, não deixa de ser relevante o papel da leitura na capacidade de organizar o mundo e de assumir papéis ligados à liderança.

trabalho. (Damásio & Sardinha, *apud* Azevedo, 2012, p. 186).

Objetivos do estudo

a. Analisar os modelos de ensino-aprendizagem da leitura nas aulas de Língua portuguesa do 2º Ciclo do Ensino secundário de Angola;
b. Inquirir professores sobre os processos de cooperação institucional no âmbito do processo de formação de leitores competentes;
c. Conhecer perceções dos professores sobre as formas de abordar o(s) texto(s);
d. Desmistificar algumas crenças na leitura e exploração das obras literárias.

Escola cânone e marginalização leitora

Entretanto, e sempre assumindo um discurso algo polemizante, ao salvaguardar a entrada de escritos de pouca qualidade, Harold Bloom afirma ainda que:

> As defesas ideológicas do cânone ocidental são tão prejudiciais em relação aos valores estéticos como o são as investidas dos atacantes que procuram destruir o cânone ou, tal como eles proclamam, <abri-lo>. Nada é mais essencial ao cânone que os seus princípios de selectividade, que são elitistas unicamente na medida em que se fundam em rigorosos critérios artísticos. Aqueles que se opõem ao cânone insistem em que há sempre uma ideologia envolvida na formação do cânone. Na verdade, vão mesmo mais longe e falam da ideologia da formação do cânone, sugerindo que fazer um cânone (ou perpetuá-lo) é um acto ideológico *em si mesmo* (Bloom, 1994, p. 33).

O mesmo autor considera ainda que "O cânone {...}, apesar do idealismo daqueles que o abrem, existe precisamente para impor limites, para estabelecer um princípio de medida que é tudo menos político ou moral" (Bloom, 1994, p. 44). Segundo o mesmo autor, assiste-se a uma luta pela sobrevivência entre textos fortes e fracos: "A literatura forte, necessariamente agonística, quer ela queira quer não, é impossível de ser separada das suas ansiedades acerca das obras que têm prioridade e autoridade em relação a ela" (Bloom, 1994, p. 23). Neste sentido, poder-se-ia concluir que a "[...] contingência constituída pelo cânone ocidental é primeiramente manifestada como a ansiedade da influência que forma e malforma toda a escrita nova que aspira à permanência (*Idem, Ibidem*).

Apercebendo-nos do caráter pouco consensual das posições assumidas a favor ou contra o cânone, adotaremos um entendimento próximo do enunciado por Barbara Smith *apud* João Machado (2011, p. 33).

> [...] the 'survival' or 'endurance' of a text-and, it may be, its achievement of high canonical status nor only as a 'work of literature' but as a 'classic' – is the product neither of the objectively (in the Marxist sense) conspiratorial force of establishment institutions nor of the continuous appreciation of the timeless virtues of a fixed object by succeeding generations of isolated readers, but rather, of series of continuous interactions among a variably constituted object, emergent conditions, and mechanisms of cultural selection and transmission.

Se, por definição, "os cânones são constituídos por textos, eles constroem-se sempre partindo da forma como são lidos" (Harris, 1998, p. 56), ou seja, em função da ideologia de uma dada cultura e de acordo com a própria memória coletiva. De qualquer modo, os cânones permitem constituir sempre marcos de referência que, do ponto de vista de Azevedo (2006, p. 29) visam "um profícuo estabelecimento da comunicação, seja a um nível intersubjectivo, seja a um nível de polifonia discursiva."

Mediante o exposto, e focando-nos no discurso pedagógico como sendo o objetivo que mais se impõe neste trabalho, apoiamo-nos em Costa (2006, p. 31) quando afirma que:

> [...] o discurso pedagógico, longe de se constituir como um conjunto de discursos justapostos, numa qualquer sequência ditada por critérios, constitui-se como um conjunto de regras que incorpora e coloca em relação discursos de duas naturezas: o discurso regulador e o discurso instrucional.

O primeiro regula aquilo que conta como ordem legítima entre e dentro de vários agentes, contextos e, nesse sentido, para Domingos *et al.* (1986, p. 347) "[...] fornece e legitima as regras oficiais que regulam a ordem, a relação e a identidade." O segundo "[...] controla a transmissão, a aquisição e avaliação do conhecimento indispensável à aquisição de competências especializadas, regulando os seus aspectos internos e relacionais (*Idem, Ibidem*)." Assim, o discurso pedagógico poderá assumir-se como conjunto de regras, de cuja aplicação resultará a incorporação do discurso instrucional no discurso regulador.

No plano angolano é possível apresentarmos a nossa nobre satisfação ao constatarmos que as criações literárias angolanas são lidas em outros espaços da vasta África e não só. Entretanto, esse génio criador angolano que se revela através da capacidade inventiva dos escritores não se esgota na Literatura escrita em Língua Portuguesa. Segundo Kandjimbo (2010a, p. 4) "Duas outras linhas de força definem a literatura angolana, nomeadamente: a literatura escrita em línguas nacionais e a literatura oral (literaturas orais ou literaturas étnicas)."

Ainda no entender do mesmo autor, a formação do cânone angolano "tem de reflectir aquelas três vertentes, sob pena de se amputar gravemente parcelas importantes dos fundamentos em que assenta o imaginário angolano, o texto virtual e objectivo da tradição" (*Idem, Ibidem*).

Entendemos que as estratégias de formação do cânone em Angola não podem perder de vista a experiência de outros países africanos com os quais partilhamos problemas comuns, os quais clamam por soluções idênticas (A título de informação podemos apontar como exemplo de experiências africanas, os casos dos Senegal, Nigéria e Camarões).

Kandjimbo (2010b, p. 2) afirma que "temos assistido em Angola uma silenciosa ausência dos estudos literários e ao desenvolvimento de um fragmentário e parcial ensino da literatura angolana nas escolas secundárias e mais completamente ausente na universidade." Este cenário inóspito vai sendo suavizado com os currículos de alguns cursos de formação profissional, como é o da Rádio Nacional de Angola destinado a redatores, locutores, realizadores, em que desde a década de 80 se ministra a disciplina de literatura angolana. Em seguida surgiu o curso médio de jornalismo, criado em finais da década de 80.

O mesmo autor entende que:

> apesar deste tipo de iniciativas isoladas, respeitantes ao ensino e reconhecida a pujança da criação literária, continuamos a verificar uma resistência à necessidade de uma outra atitude epistemológica perante os textos literários angolanos, quando se exige já a prática de novas leituras. O feitichismo da teoria e da crítica literária ocidental, continua a ser avassalador, confrontado com a inércia generalizada que impregna a consciência dos leitores e de alguns escritores (Kandjimbo, 2010b, p. 2).

Ao ser assim, seguimos o entendimento de Kandjimbo ao referir-se que não deixa de ser um paradoxo o facto de, por um lado, existir a defesa de uma teoria da angolanidade que deve constituir a ossatura de uma historiografia literária e que concorra para a formação de um cânone literário angolano, mas, por outro lado, não existirem em Angola os estudos literários, institucionalizados ao nível do ensino e da investigação. Estas lacunas refletem um funcionamento não harmónico do sistema literário angolano, precariamente preenchidas algumas delas por uma atividade crítica que conta apenas com alguns cultores.

Num ambiente como o que descrevemos em que predomina ainda a escassez de livros de produção angolana, foi-se expandindo o fascínio dos manuais de ensino da língua e da literatura portuguesa e o poder sedutor dos discursos críticos produzidos em Portugal, através dos quais se veiculam leituras ancoradas a teorias como a crioulidade e negritude, e "destinadas a públicos portugueses" segundo Venâncio (1987, p. 89; 1996, p. 154); Agualusa (1997), e Laranjeira (1995, p. 91).

Desse modo, o vazio existente em matéria de estudos literários e consequentemente a fraca produção da crítica literária endógena, tem dado origem à reprodução do modelo pedagógico português pelas escolas secundárias, pois ele acompanha o ensino da língua portuguesa, por meio do qual se pretende iniciar os estudantes no conhecimento da literatura angolana. Ainda estão representadas em quantidade insatisfatória as Instituições de 2º Ciclo e do Ensino superior que lecionam a cadeira de Literaturas Africanas de Língua Portuguesa. O sistema literário angolano conta, no entanto, com outros segmentos que lhe vão assegurando a sobrevivência.[152]

Por aí se vê que, desde logo, não se pode dispensar uma dimensão sociocultural, pois pretende-se legitimar uma cultura autónoma com identidade própria. E a legitimação não pode ocorrer sem que para tal se constitua um cânone. Segundo Harold Bloom (1994, p. 35), "cognition cannot proceed without memory,

---

[152] A título de exemplo podemos citar a União dos Escritores Angolanos, a Associação de escritores angolanos, os Prémios literários (Prémio Nacional de Cultura e Artes, Prémio Literário António Jacinto, Prémio Sonangol de Literatura, Prémio Literário Sagrada Esperança, Prémio de Ensaio Mário Pinto de Andrade), Revistas culturais e literárias (Gazeta da União dos Escritores Angolanos) Revista *Mensagem* do Ministério da Cultura, suplementos literários (Vida Cultural do Jornal de Angola) programas televisivos (Leituras), Algumas Livrarias e na sua maioria localizadas em Luanda.

and the Canon is the true art of memory, the authentic foundation for cultural thinking." Porque não existem cânones universais, deveremos, pois, operar com um certo relativismo na formação do cânone literário angolano, se quisermos ter em atenção os três fatores que concorrem para o referido processo:

> a selectividade, que trata de estabelecer, de forma não necessariamente sistemática ou programada, as obras e autores que correspondem a uma identidade cultural e literária, entendida como ortodoxa e maioritariamente representativa; a continuidade, ou seja, a permanência, ao longo de um tempo histórico alargado, de obras e autores que fundam nessa permanência a sua autoridade cultural; a formatividade, critério de ordem pedagógica e também ideológica, que leva a reter no cânone aquelas obras e autores que se entende serem reprodutoras de uma certa (e algo estável) ordem social e cultural que se deseja insinuada no sistema de ensino (Reis, 1997, p. 72-73).

Assim, tendo em conta os condicionalismos por que passa a literatura angolana, pode, eventualmente, reiterar-se em Angola, o importante papel do Estado, do qual se espera uma política cultural e instrumentos que confiram uma certa dignidade e um suporte institucional para as ações que se proponham a alcançar tais resultados.

As crenças dos professores e as suas representações

Esta parte do nosso trabalho centra-se na compreensão das representações sobre a avaliação das aprendizagens e na relação que tecem com a prática letiva dos professores, uma vez que a escola é o palco por excelência onde se formam leitores. Segundo Bronckart (*apud* Gaspar, 2016, p. 139) "La problématique de l'agir humain est sans doute celle dont le traitement est le plus clair révélateur des positions épistémologiques et théoriques qu'ont prises, dès leur émergence, les divers courants des sciences humaines." Na mesma perspetiva, verificámos que:

> as representações sociais importam a várias disciplinas das ciências sociais e humanas: à sociologia; à antropologia; a psicologia da criança, clínica e patológica; à história das mentalidades, das religiões e da ciência; à filosofia e, mais ainda, à epistemologia; à informática e modelos computacionais, bem como às ciências da linguagem e da comunicação. Pelas características pluridisciplinares que apresentam, interessam principalmente à psicologia social que lhe assegura uma síntese dos conhecimentos (Mannoni, 2010 *apud* Gaspar, 2016, p. 139).

Borg (1998) e vários autores citados em Gaspar (2016, p. 139-140) realça a diversidade de termos utilizados em estudos sobre a língua inglesa para designar as representações.

Alguns conceitos relacionados com a noção de representações

A temática das representações obriga a uma abordagem muito próxima do que os vários preponentes das teorias a que recorrremos, razão pela qual tivemos a necessidade de transcrever com mais assiduidade doravante, em vários dos momentos, as palavras dos próprios.

Durkheim (1968) foi dos primeiros a apresentar uma visão sociológica das representações que apelidava de "colectivas", baseando-se no estudo das religiões e dos mitos. Esta visão deu origem à análise de fenómenos sociais que se baseia, segundo o autor, na ideia de que:

> Une société n'est pas simplement constituée par la masse des individus qui la composent, par le sol qu'ils ocuppent, par les choses dont ils se servent, par les mouvements qu'ils accomplissent, mais, avant tout, par l'idée qu'elle se fait d'elle-même (Durkheim, 2003, p. 237).

O autor distinguiu as representações coletivas, relacionadas com a vida social e para as quais todos contribuímos, como formas de conhecimento construídas socialmente e que não têm explicação, das representações individuais que são fenómenos mais específicos. O seguinte fragmento mostra-o com clareza:

> La société est une realité *sui generis*; elle a ses caractères propres qu'on ne retrouve pas, ou qu'on ne retrouve pas sous la même forme, dans le rest de l'univers. Les représentations qui l'experiment ont donc un tout autre contenu que les representations purement individuelles et l'on peut être assure par avance que les premières ajoutent quelque chose aux secondes (Durkheim, 2003, p. 237).

Os valores e saberes de cada indivíduo vão orientar o seu comportamento, evidenciar a sua pertença a um determinado grupo e permitir a distinção entre vários grupos sociais que, segundo Lipiansky (1999) *apud* Gaspar (1996, p. 143), podem criar:

1. representações induzidas, reflexo das interelações presentes ou passadas e ligadas às relações políticas, económicas e culturais;
2. representações justificativas, resultantes da observação e da experimentação;
3. representações de antecipação que preparam o nível do imaginário a situação que o Outro quer conseguir.

Para Faneca (2010, p. 139) "as representações sociais resultam de um processo de produção complexo, sujeito a uma diversidade de constrangimentos individuais e colectivos, mas com um vínculo de pessoalidade não negligenciável, visto que aos sujeitos é reconhecida a capacidade de processar e reconstruir todos estes dados."

Analisar as representações dos professores sobre o ensino-aprendizagem da língua portuguesa é considerar a perspetiva do professor sobre a sua disciplina, a forma de a ensinar, bem como a perspetiva que o mesmo professor tem sobre a forma de aprender dos seus alunos. Puren (2001) *apud* Gaspar (2016), baseando-se na relação gramática/didática, apresenta um esquema que sintetiza a relação entre as várias representações:

Tabela 1 - Representação sobre o ensino-aprendizagem da língua

LÍNGUA		OBJETO		ENSINO
CULTURA		SUJEITO		APRENDIZAGEM

Puren (2001), *apud* Gaspar (2016, p. 148).

Na tabela 1, acima, as setas correspondem a uma orientação epistemológica, que Puren explica da seguinte forma:

> la conception de la langue peut être «orientée objet» (comme dans la linguistique structurale dont le projet consiste à la décrire telle qu'elle fonctionne en elle-même), ou au contraire «orientée sujet» (comme dans la linguistique de l'énonciation, dont le projet consiste à décrire comment les sujets locuteurs l'instrumentalisent pour leur propre compte); la conception de l'enseignement peut être «orientée sujet [apprenant]» (comme dans la pédagogie active, où l'enseignemente est conçu comme une incitation, un guidage et un soutien à l'apprentissage) ou au contraire «orientée objet» (comme dans ce qu'en FLE on appelé la «centration sur la méthode», i.e. le matériel didactique pré-élaboré (Puren, 2001, *apud* Gaspar, 2016, p. 148).

Este esquema do autor citado permitiu-lhe expor uma modelização de quatro tipos de representações, justificando a escolha da "modelização" por não pretender descrever uma realidade, mas antes procurar observá-la para ter uma ação sobre a mesma, uma vez que a didática das línguas "é uma disciplina de observação e de intervenção" (Puren, 2001, *apud* Gaspar, 2016, p. 149). O autor admite a possibilidade de combinar estes modelos entre si, apesar de não subscrever a outras propostas, tal como "je laisse le soin aux lecteurs de voir comment plusieurs de ces modèles sont parfois combinés dans les propositions faites par certains (...) et dans les pratiques effectives des enseignants et des apprenants telles que d'autres les décrivent" (149).

O mesmo autor, num contexto de modelo como representação, avança sobre os modelos o seguinte:

> les modèles ne sont pas des miroirs du monde, mais bien de ses re-présentations (...). Dans les débats des humains, ils tiendront la place du monde qu'ils re-présentent. Un modèle est dit adéquat, si les simplifications et les schématisations qu'ils impliquent sont pertinentes dans les contextes où il sera utilisé (p. 149).

Neste caso, e apesar de Puren ter apresentado esta modelização para as representações sobre a gramática/didática, consideramos este modelo perfeitamente adequado para esquematizar as representações sobre o ensino-aprendizagem das línguas estrangeiras. Os modelos propostos pelo autor são os seguintes (149-150):

Modelo 1 – língua-objeto/ ensino-objeto: a língua tem como objeto a gramática, "tradicional", morfossintática ou "estrutural" que descreve o seu funcionamento interno, estando o ensino orientado para o objeto. O professor planifica a sua ação a partir do conhecimento objetivo da língua. Neste quadro, são valorizados o conhecimento académico do professor e a utilização rigorosa do material didático preconcebido (gramática, manual, fichas, entre outros).

Modelo 2 – língua-objeto/ aprendizagem-objeto: a língua continua a ter como objeto a gramática e a aprendizagem também é orientada para o objeto. O aluno planifica a sua aprendizagem a partir da descrição da língua, centrando-se no material didático.

Modelo 3 – língua-objeto/ ensino-sujeito aluno: num contexto de "pedagogia ativa", a concetualização da língua e de cada ponto gramatical faz-se de forma "ativa", na medida em que são os alunos que a realizam. O professor tem um papel indutivo no ensino da gramática, mantendo como referência e objetivo o conhecimento que tem da língua, controlando a seleção da matéria, o momento, o "corpus" e a metalinguagem, o processo de reflexão coletiva e o resultado obtido, isto é, o enunciado de regras estandardizadas.

Modelo 4 – língua-sujeito nativo/ ensino-sujeito aluno: a língua está orientada para um sujeito locutor nativo e o ensino baseia-se numa análise de documentos "pré pedagógicos", baseados essencialmente em documentos autênticos, que privilegiam marcas deixadas conscientemente ou não pelos locutores em função da situação de comunicação e da intenção enunciativa. O processo de ensino-aprendizagem está orientado para o sujeito, porque os alunos se apropriam das formas linguísticas, e para o ensino, se considerarmos que o professor escolhe as formas que adota. O autor admite que este modelo esteja mais destinado a professores nativos por entender que estão mais bem preparados para "appréhender intuitivement intentions de communication, allusions, connotations et autres implicites culturels des documents authentiques utilisés".

Estaríamos à espera de um quinto modelo "língua-sujeito aluno/aprendizagem sujeito", que o autor equaciona considerando a apropriação da língua pelo aluno, num processo individual de construção, desconstrução e reconstrução contínuas das suas representações em relação ao funcionamento e ao uso da língua. A respeito desse modelo lê-se:

> ce processus est par nature complexe, c'est-à-dire
> pluriel, hétérogène, variable, aléatoire et non

totalement objectivable: il est ainsi au haut point sensible à une multitude de paramètres contextuels très divers dont les actions et interactions ne peuvent jamais êtreentièrement prévisibles, et qui seront modifiées du fait même qu'on cherchera à les observer (...). L'hipothèse cognitive n'implique pas qu'il soit impossible de décrire la part d'une langue qui fonctionne en tant que système autonome, ni la marge de manœuvre qu'y créent les locuteurs natifs pour leurs stratégies discursives et énonciatives, ni certains éléments de l'interlangue de tel ou tel apprenant à un moment donné de son apprentissage, ni même certains processus communs observables chez des apprenants d'une L1 dans leur appropriation d'une même L2, et il est évidence que ces descriptions peuvent être elles aussi des autils aux mains des enseignants pour leur activité d' observation (p. 150).

Análise e apresentação dos resultados dos questionários

Amostra[153] e procedimentos

É facto que todas as estruturas que pertencem à comunidade se devem envolver no ambiente escolar, contribuindo, elas também, para as aprendizagens: professores, pais, bibliotecas públicas e escolares, meios de comunicação de massas, administrações municipais, agentes culturais e políticos. Entretanto, tratando-se de um trabalho académico, sujeito a prazos e de "cariz experimental", optou-se por uma reduzida amostra de 21 professores de Português do 2º Ciclo do Ensino

---

[153] Importa aqui referir que os inquéritos aplicados nas referidas instituições de ensino têm apenas por finalidade, neste trabalho, visionarmos como os atores educacionais e culturais envolvem-se na construção individual e coletiva dos jovens, como promovem a leitura e a escrita, como contribuem para o desenvolvimento das literacias, nomeadamente das literacias crítica, emergente e literária ou oral e escrita, e, consequentemente, com o nosso estudo, podermos contribuir com propostas de melhoria.

Secundário. Sendo que 11 da Escola Magistério N.º 1093 – "Garcia Neto" e 10 da Escola n.º 1088 "22 de Novembro", os quais desenvolvem a sua atividade profissional nas áreas de cooperação, promoção e incentivo da leitura a nível nacional, faltando, essencialmente, outros estudos aprofundados nas bibliotecas escolares, entre outros.

A recolha aconteceu durante a última quinzena do mês de agosto e a primeira do mês de setembro de 2016, conforme as cartas em anexo. A nossa opção dá-se, com efeito, devido ao lugar privilegiado que estes profissionais ocupam no processo de socialização, mormente na transmissão de competências ao nível académico e da literacia, que é em última linha o nosso problema de investigação.

Seguindo os trâmites legais, procedemos às diligências imprescindíveis para a obtenção da monitorização do inquérito nas instituições selecionadas para o estudo, sendo que, como já dissémos, estamos a desenvolver um estudo que é do conhecimento e interesse do estado angolano (ver anexo). Posteriormente, de forma presencial, entregámos documentos à direção da escola para iniciarmos o trabalho e para tomarmos conhecimento do número total de professores. Em seguida, nas escolas, mantivemos o contacto com os coordenadores da disciplina de Português com vista a assegurar a distribuição dos inquéritos aos professores titulares de uma turma e, a posterior, recolha dos mesmos.

Consideramos que todas as literacias constituem fortes pilares de construção cívica individual, permitindo que os jovens se tornem adultos conscientes do seu mundo, mas também críticos em relação a ele, desejando, a partir dessa crítica, efetuar novas construções.

Além disso, julgamos que evidenciam o facto inegável de que o indivíduo se constrói desde sempre e não apenas na escolaridade obrigatória e cremos que a vida não existe sem literatura, desempenhando esta um papel relevante quanto ao desenvolvimento individual e social dos jovens.

Assim, iremos indicar, posteriormente, com base nas informações obtidas através da análise dos questionários, as atividades que cada uma desenvolve no sentido acima referido.

Descrição metodológica utilizada nos inquéritos por questionários

Os questionários utilizados, no anexo, iniciam por uma introdução, em que se explicam os objetivos do estudo, e que o instrumento utilizado faz parte integrante de uma investigação no âmbito de um contributo para o aumento dos níveis de literacia nos jovens angolanos. Apelou-se, também, a que os atores alvos da pesquisa colaborassem de forma sincera e atenta.

Como instrumento de recolha de dados utilizámos a observação direta e a aplicação de questionários elaborados para o efeito. Os questionários são um instrumento muito proveitoso num trabalho de investigação na medida em que permitem um procedimento racional e sistemático. A técnica do questionário possibilita que seja alcançado um maior número de indivíduos, não expondo os pesquisados à influência do pesquisador. No entanto, a aplicação tem alguns inconvenientes como o de não oferecer a garantia de que a maioria dos inquiridos devolva os questionários preenchidos. Por outro lado, os resultados também podem ser criticados em relação à objetividade.

O inquérito por questionário tem por objetivo genérico, de acordo com Albarello (2005, p. 48-50) "(...) se a fotografia fixa em imagem uma determinada situação num dado momento, a finalidade do inquérito por sondagem é fixar num dado momento uma determinada situação social." Deste modo, fica explicito o facto desta técnica ter um forte caráter temporal e contextual. Por outro lado, e de acordo com o mesmo autor, "o inquérito por questionário permite-nos enfatizar alguns contrastes teóricos e empíricos" (p. 49). Finalmente, um terceiro aspeto, defendido por este mesmo autor, diz respeito à necessária conexão existente entre teórica e a própria construção orgânica do questionário, de forma a não graves forte e irremediáveis disjunções entre ambos.

Assim, recorremos a questionários anónimos (para não condicionar os resultados da avaliação). O questionário dirigido aos professores está dividido em quatro grupos com várias questões que classificaríamos como simples, principalmente em face do uso, quase em exclusivo de questões fechadas, as quais "não devem comportar qualquer ambiguidade e de fácil compreensão. Apresentam, no entanto, o perigo de ditarem ou de introduzirem uma resposta, dado não permitirem qualquer variante" (p. 53).

Porém, para colmatar algumas das limitações desta última tipologia de questões, colocámos, quando pertinente, uma opção "outras", seguida de algumas linhas, onde o inquirido (docente), poderá expor uma situação, enquadrável nessa mesma questão, de forma, modo extenso, não se perdendo a potencial riqueza de opções, que não estão contempladas, nas opções colocadas, de modo fechada.

Os questionários foram estruturados com base nos objetivos gerais[154] do presente trabalho: 1. Conferir a existência de atividades de cooperação e incentivo à promoção da leitura entre as Bibliotecas e a escola e vice-versa; 2. Verificar os esforços empreendidos pelos professores na criação de recursos para a promoção e incentivo da leitura; 3. Aferir os hábitos de leitura dos professores; 4. Aferir se os recursos usados pelos professores para a promoção de hábitos de leitura nos alunos ajudam na compreensão do texto e melhoram o desempenho linguístico; 5.

---

[154] Importa ainda assinalar a existência de um vasto conjunto de objetivos mais específicos, que acentuam, auxiliam e objetivam a condução da pesquisa, por intermédio dos dados obtidos através da aplicação do inquérito por questionário, que suporta a investigação, já apresentado em anexo.

Aferir se os métodos aplicados ajudam a desenvolver a expressão escrita nos alunos.

Ainda acerca destes objetivos, mais particulares e específicos, estes são claramente influenciados, pelos modelos de conceptualização descritos em Quivy & Campenhoudt (2003, p. 120-125). No âmbito do presente estudo, optamos pelo modelo do conceito sistémico, uma vez tal como os supramencionados autores afirmam "o conceito sistémico não é induzido pela experiência: é constituído por raciocínio abstrato – dedução, analogia, opsição, implicação, etc. (...).

Questionários dirigidos aos professores: Das quatro partes que dividem o questionário dirigidos aos Professores de Português, a primeira é composta por uma bateria de questões que nos permitem fazer a caraterização dos inquiridos, desde o sexo, idade, até ao nível de escolarização, passando pelos anos de serviço. Acreditamos que as quatro variáveis referidas podem proporcionar-nos uma panóplia de conhecimentos muito aprofundados acerca de quem iremos inquirir. A segunda parte, apesar de apresentar dimensões reduzidas, com apenas duas questões, assume grande relevância, no contexto mais genérico da presente pesquisa, dado tratar dos hábitos de leitura dos próprios docentes, a terceira diz respeito aos recursos que o professor se socorre em contexto de sala de aula para potenciar as competências escritas dos seus alunos, ou seja, aferir os recursos usados pelo docente na promoção da leitura. Finalmente, a quarta e última parte revela os métodos ou estratégias aplicados e desenvolvidos pelo professor no âmbito da leitura.

Análise, Resultados e interpretação do estudo

Em termos de tratamento de dados, optou-se por recorrer à estatística descritiva, método estatístico que procede à recolha, classificação, representação e resumo dos dados das amostras.

Questionários dirigidos aos 21 professores

Na primeira parte do questionário, pretendíasse recolher informações relativas ao sexo, idade, anos de serviço e habilitações, conforme a descrição seguinte:

a) sexo: dos 21 professores de Português, 8 são do sexo masculino e 13 são do sexo feminino. Aqui podemos observar uma forte feminização dos inquiridos, conforme vemos na figura 1.

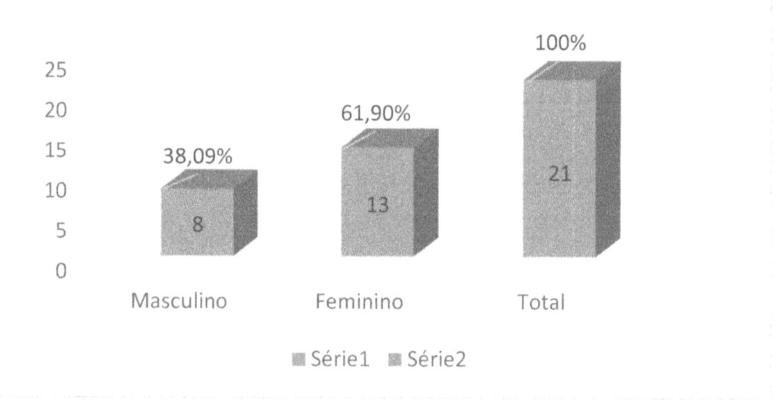

Figura 1. Percentagem dos professores inquiridos

b) **idade**: neste ponto, e conforme se pode observar a partir da leitura interpretativa da figura 2, abaixo, a idade preponderante é intermédia entre a juventude e a velhice. Desse modo, podemos constatar que na categoria etária mais nova que comprende [20-30] anos e nas categorias mais velhas que compreendem [51-60] anos e [>60] anos, não apresentam nenhum caso (0%), contrariamente as categorias [31-40] anos com 33,33% e [41-50] anos com 66,66%, ou seja, muito aquém das outras categorias.

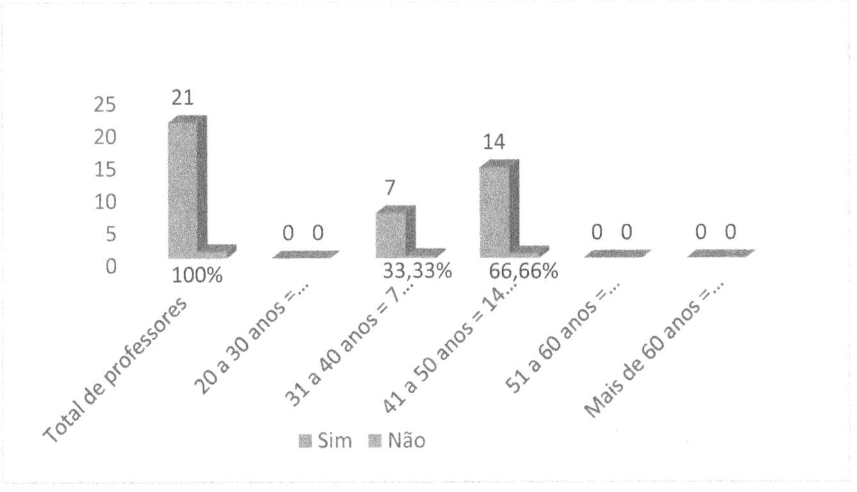

Figura 2. Distribuição dos inquiridos por idade

c) **anos** de **serviço**: conforme constatámos na alínea a, a população que dá suporte empírico a presente análise, é, sobretudo, composta por elementos do sexo feminino, e tendo em conta a variável idade, será expectável que encontremos, entre os inquiridos, a proeminência de carreiras não muito longas e nem muito curtas. Fato que podemos observar na figura 3 (anos de serviço).

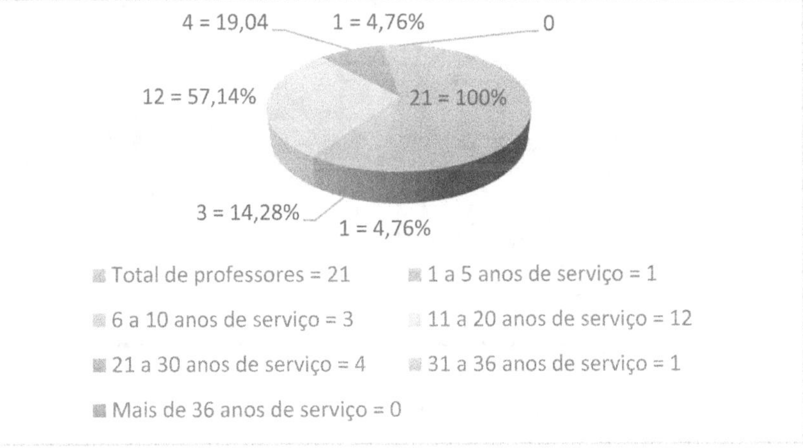

Figura 3. Anos de serviço

Concretizando, dir-se-ia que 57,14% dos inquiridos tem no máximo 20 anos de carreira e 19,04% com 25 anos de carreira. Nestes termos, não será de todo surpreendente aferir que existe uma clara relação entre o número de anos de serviço e a idade, ou seja, os professores com idade mais avançada têm mais anos de serviço.

d) **habilitações académicas:** para rematar a caraterização sociográfica da amostra que dá sustentação ao presente estudo, teremos de fazer menção ainda ao grau académico de que estes são portadores. É precisamente nessa linha de raciocínio que apresentamos a figura 4, habilitações académicas, com destaque para 9 casos de Bacharelato (48,85%); 5 casos em Licenciatura em 2º Ciclo do Ensino Secundário – Variante Português/Francês (23,80%); 3 casos em Licenciatura em 2º Ciclo do Ensino Secundário – Variante Português/Inglês (14,28%) e 4 casos para Mestrado (19,04%).

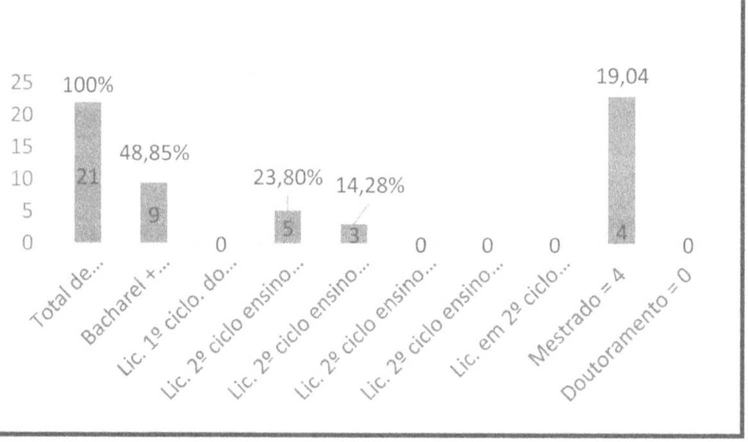

Figura 4. Habilitações académicas

Na segunda parte do questionário pretendiasse recolher informações referentes aos hábitos de leitura dos sujeitos. Para tal, constituiu-se uma bateria de perguntas onde se questionava a frequência com que se lê livros, jornais, revistas, enciclopédias e a frequência à BE/CRE com os alunos, no último mês.

a) **frequência de leitura de livros, jornais, revistas e enciclopédias:** conforme a classificação na figura 5, verifica-se uma maior tendência para a leitura de jornais e revista, sendo que a leitura de livros e enciclopédias se encontra numa condição intermédia.

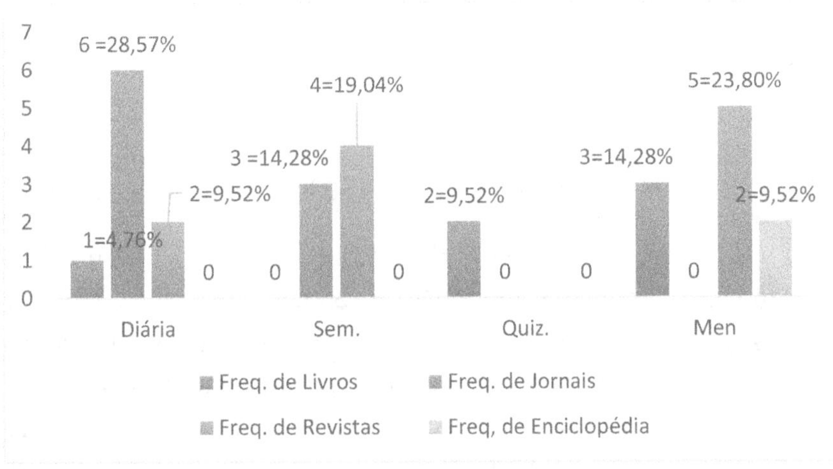

Figura 5. Frequência de leitura

b) **frequência de uso da BE/CRE com os alunos no último mês**: como se pode verificar na figura 6, há uma fraca frequência dos professores e consequentemente dos alunos à BE/CRE, realidade que se pode associar à figura 5, acima, ou seja, à fraca leitura de livros e enciclopédias.

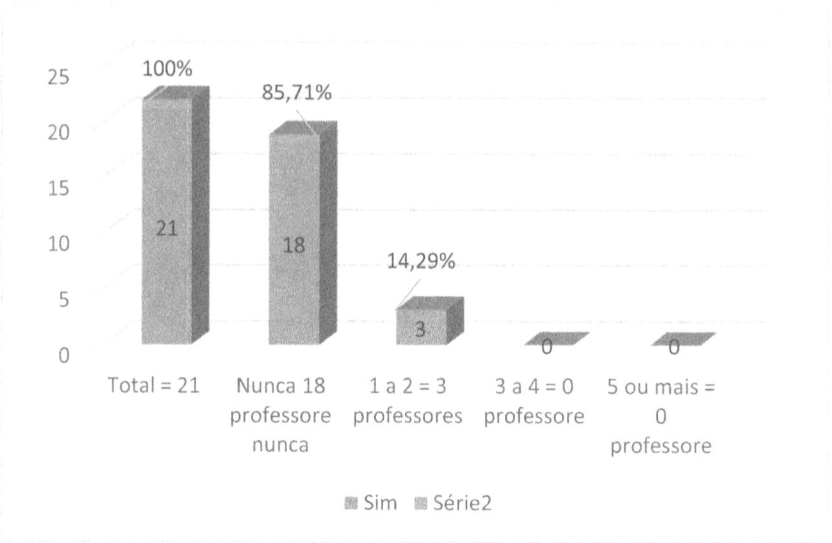

Figura 6. Frequência de uso da BE/CRE com os alunos no último mês

No terceiro grupo do inquérito por questionário pretendíasse recolher informações referentes aos recursos que o professor se socorre. Tem o seu início com uma bateria de questões que confrotam o inquirido com uma multiplicidade de potenciais estratégias de dinamização do ensino e da aprendizagem, mormente da escrita.

a) **estabelece parcerias para desenvolver as competências relacionadas com a escrita:** aqui, podemos verificar, e de acordo com uma análise dos dados contidos na figura 7, que a maioria dos docentes inquiridos declara que não estabelece parcerias para desenvolver as competências relacionadas com a escrita. Assim, são apenas 28,57% dos inquiridos que afirmam utilizar este tipo de procedimentos, contra 71,42%. O que dissemos justifica-se ao procedermos ao aprofundamento do referido gráfico, em que verificamos maior incidência de prática numa das opções, no caso particular o recurso à BE/CRE com 14,28%, em face dos restantes que oscilantemente obtêm valores minoritários de uso. São os casos do recurso a Bibliotecas Municipais, em que apenas 4,76% refere estabelecer parcerias, já na linha do uso de parcerias com outras turmas 4,76% de adesão. Finalmente, o recurso ao estabelecimento de parcerias com Outras Escolas, na qual a distribuição é igualmente de 4,76% de adesão.

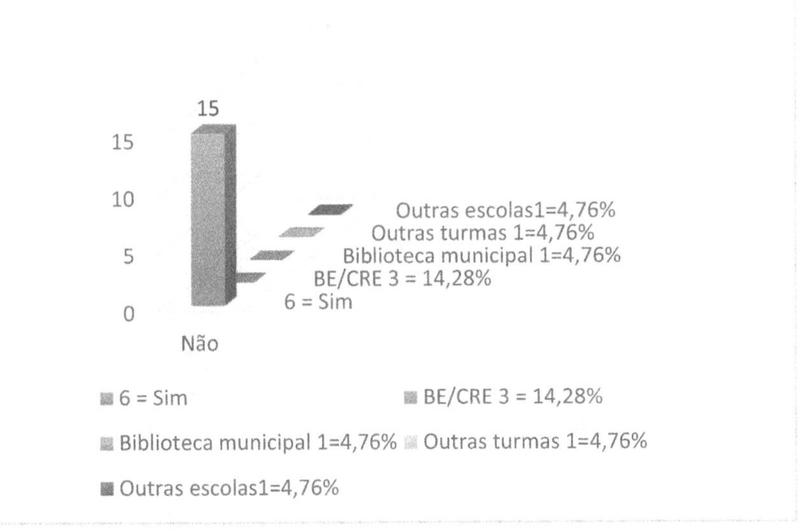

Figura 7. Estabelecimento de Parcerias

b) **após identificada a parceria, assinale as três situações mais usuais:** nesta segunda bateria de questões, o objetivo era traçar um esboço dos usos e aplicações do esbabelecimento de parcerias, conforme sintetiza a figura 8. Aos inquiridos era solicitado que, de entre um conjunto de seis situações, selecionassem aquelas que já realizaram, ou que realizam com maior frequência. Numa visão genérica, podemos, desde logo, considerar, que existe ao nível das respostas dadas pelos inquiridos três grupos. O primeiro grupo engloba duas categorias, primeira (Incentivar os alunos a ir à BE/CRE ler e requisistar livros relacionados com as temáticas abordadas) com 36,60%, tal como a segunda categoria (Assistir a sessões de leitura) com a mesma percentagem de 36,60%; o segundo grupo descreve também duas categorias, a primeira (Requisitar materiais para a sala de aula) com 23,08% e a segunda (Partilhar leituras de textos) com 19,04%. Finalmente, o terceiro grupo, com duas categorias, porém menos representativas segundo os dados recolhidos, a primeira (Requisitar livros ao domicílio) com 14,76% à semelhança da segunda categoria (Aceder aos computadores para realizar trabalhos) com 9,52%.

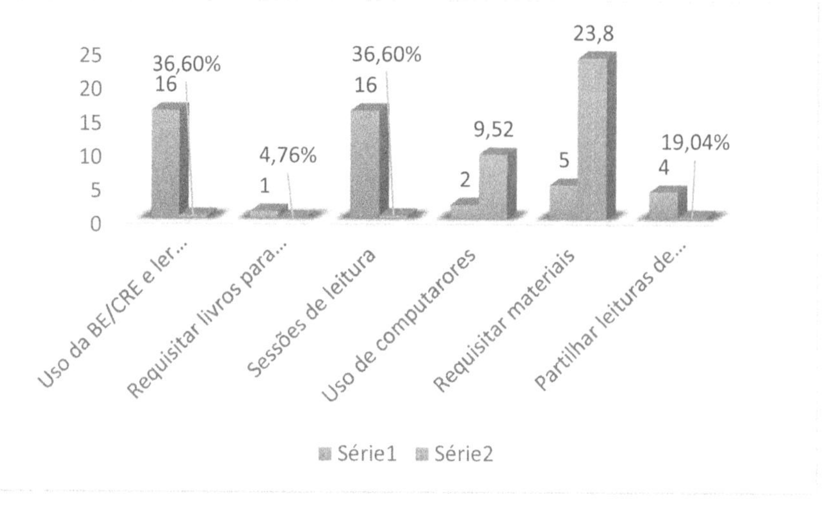

Figura 8. Concretização das parcerias

c) **os alunos a sua turma costumam requisitar livros na BE/CRE?:** nesta terceira bateria de questões, revela-se uma grande incidência de respostas negativas na figura nº 11, relativamente à frequência de requisição de livros na BE/CRE. Assim, são apenas 7, isto é, 33,33% dos inquiridos os que afirmam os seus alunos requisitam livros. Por outro lado, e em número maior, 14, com 66,66%, os que afirmam, que os alunos da sua turma não requisitam livros da BE/CRE.

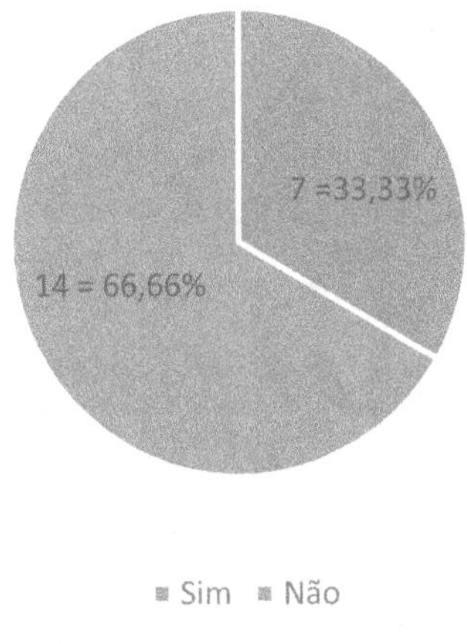

Figura 9. Requisição de livros à BE/CRE

Podemos ainda observar, na figura 10 que nas categorias de frequência modal, a semanal, quinzenal e mensal com 9,52% cada, apenas declaram que os seus alunos requisitam livros. A categoria trimestral com 4,76%. Concretizando, podemos considerar que se observa uma frequência pouco assinalável de requisição de livros, o que pode indiciar falta de hábitos de leitura e baixos níveis de literacia.

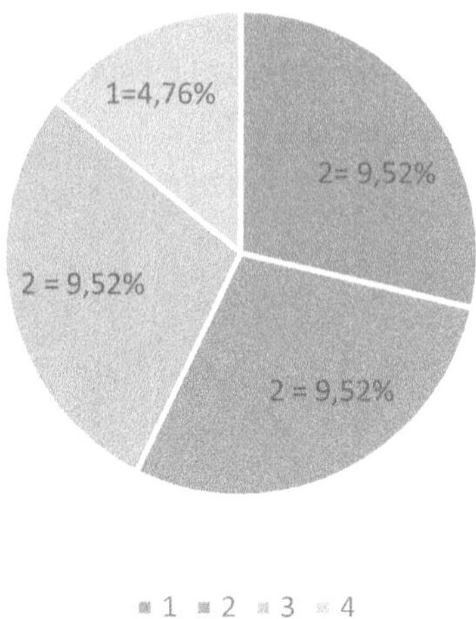

Figura 10. Frequência com que faz a requisição

d) costuma escolher livros para trabalhar na sala de aula:
nesta quarta e última bateria de questões do terceiro grupo que compõe o inquérito por questionário, o objetivo era aferir acerca dos variados e multifacetados usos que se podem realizar, potencialmente dos livros, em contexto de sala de aula, conforme sintetiza a figura 11, no qual podemos observar que apenas um dos inquiridos declara não recorrer a este recurso, que é o livro. Relativamente às suas mais variadas aplicabilidades, podemos, desde logo, afirmar que, apenas duas das seis aplicabilidades obtêm o registo positivo, isto é (Os alunos aplicam a técnica do resumo) com 95,20% e (Os alunos aplicam a técnica do reconto escrito) com 95,20% a declarar utilizar. Por outro lado, e em grande maioria, 95,21% afirmam não fazê-lo.

Este último aspeto, merece, em nossa opinião, um destaque que remete para a limitação que os professores têm de ir além do manual. Sendo que, cada vez mais o manual deixou de ser o único mediador das práticas pedagógicas dando lugar a outros livros e consequentemente a outro tipo de olhares. Em nosso entender, utilizar apenas o manual torna a prática pedagógica mais frágil não permitindo atividades diversificadas capazes de tornarem os alunos proativos e produtores de saber.

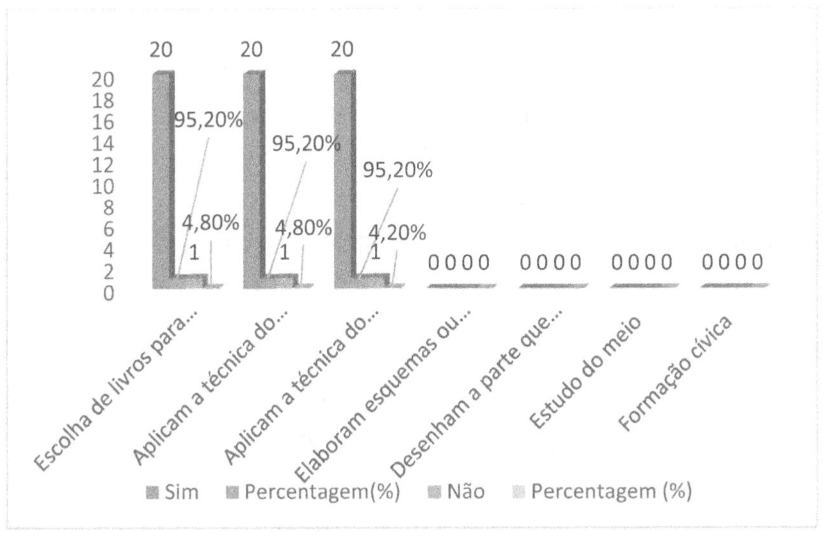

Figura 11. Escolha de livros para trabalhar na sala de aula

O quarto e último grupo revela os métodos aplicados pelo professor em contexto de sala de aula, cuja finalidade é procurar entender e interpretar o modo e as estratégias adotadas pelos inquiridos enquanto professores do 2º Ciclo do Ensino Secundário, tendo como linha condutora a análise do processo de aprendizagem de leitura e das suas últimas estratégias. Assim, foram questionados os professores que dão corpo à amostra, acerca do uso regular de obras de literatura de cariz infanto-juvenil, em contexto de sala de aulas.

a) costuma levar à sala de aula obras de literatura infanto-juvenil?: nesta primeira batéria de questões, e atendendo aos resultados obtidos espelhados na figura 12, podemos desde logo, afirmar, que existe unanimidade entre os inquiridos acerca da recorrência na utilização deste tipo de instrumentos na sala de aula, sendo estes 100%.

De seguida, era solicitado aos inquiridos, ainda acerca da utilização e estudo de obras infanto-juvenis, se existe um enquadramento prévio desse estudo com a realização da Pré-Leitura. À semelhança do que já tínhamos anteriormente verificado, existe uma expressiva maioria, que sublinha a existência e realização da Pré-Leitura antecedendo o estudo da obra em causa. Este facto empiricamente verificável ganha forma nos 100% dos inquiridos a referirem que o fazem.

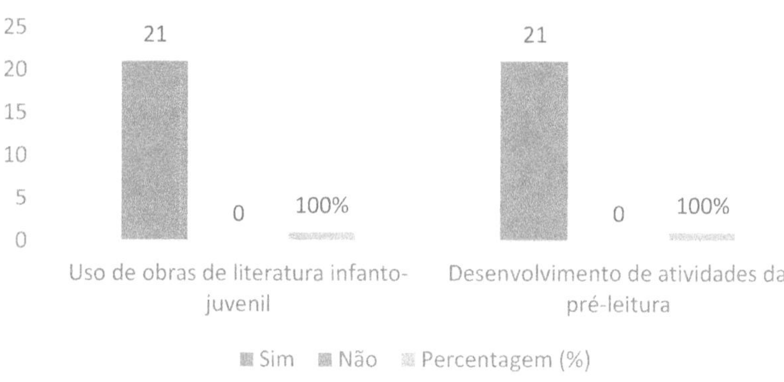

Figura 12. Uso e atividades com obras infanto-juvenis

b) que significa para si Pré-Leitura? nesta bateria recorremos, mais uma vez, a questões maioritariamente fechadas, onde apenas pontificava um espaço aberto a considerações dos inquiridos, a estes eram-lhes dadas quatro opções, nas quais os docentes poderiam responder a uma pluralidade delas, como se verifica na figura 13 em que diríamos que existe unanimidade no uso de apenas duas opções. Com maioritariamente respostas positivas

158

está a opção que afirma (Motivação para o estudo da obra) com 66,66% e em seguida a opção (Ativação do conhecimento temático) com 33,33%. Relativamênte às outras duas seguintes opções (Advinhação sobre o conteúdo da obra) e (Outro(s)), nenhum dos inquiridos afirma usar.

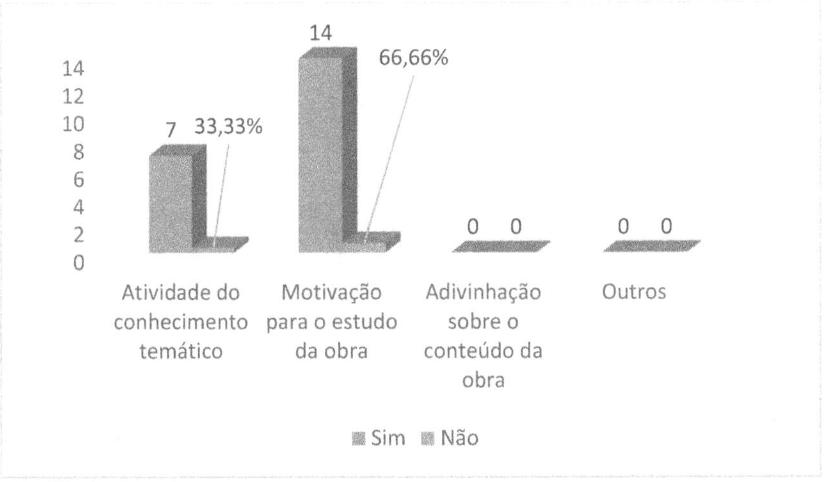

Figura 13. Significados da Pré-Leitura

c) **durante a fase de leitura da obra que tipo de atividades desenvolve:** nesta terceira bateria de questões, definiu-se como objetivo a análise das atividades potencialmente desenvolvidas ao longo do processo de leitura. Desse modo, olhando para os dados contidos na figura 14, podemos, a partida, reter que se trata de uma maioria, aquela que declara realizar atividades ao longo da leitura com 80,95% dos inquiridos que afirmam realizar a atividade (Apresentação de pequenos excertos da obra). Concluímos isso em face dos dados obtidos com a primeira das questões que confronta os inquiridos com a opção (Nenhuma) atividade desenvolvida nesta âmbito, com 4,76%. A opção (Preenchimento de grelhas/tabelas) apresenta apenas 14,28% dos inquiridos que afirmam usar esta opção, não havendo, finalmente, inquiridos que usem a opção (Outro(s).

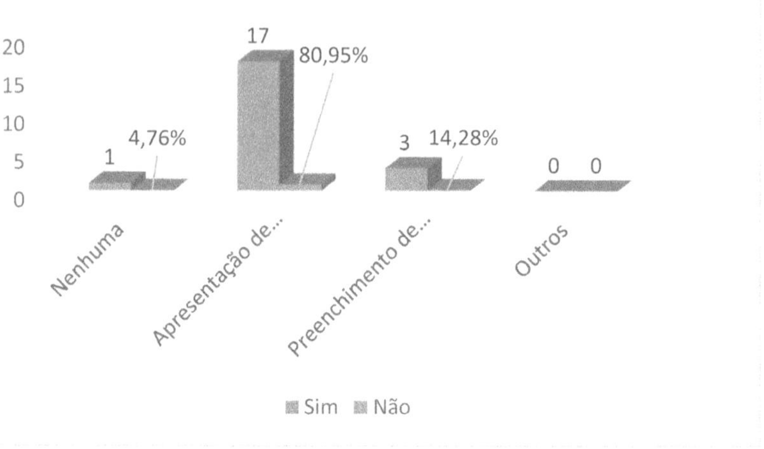

Figura 14. Atividades desenvolvidas ao longo da leitura

d) **quando finaliza a leitura da obra, procede a exercícios de Pós-Leitura?** nesta última bateria de questões, era solicitado aos inquiridos que indicassem se realizam exercícios de Pós-Leitura e, em caso afirmativo, o que efetivamente executam em contexto de aula. Como se pode verificar numa primeira e genérica abordagem na figura 15, dir-se-á que existe uma fortíssima proeminência entre os docentes inquiridos, isto face aos resultados obtidos pela distribuição empírica, no que concerne à questão que confrontava os inquiridos a respeito da realização, ou não, desta tipologia de atividades. Concretizando, diríamos que temos unanimidade entre os inquiridos, relativamente ao aspeto em análise, dado que não obtivemos nenhum inquirido que respondeu negativamente, ficando assim com 100% dos inquiridos que responderam afirmativamente.

No que respeita às tarefas, todas elas reúnem um relativo consenso. Entretanto, a opção (Resumo do texto) com 100% apresenta maior uso relativamente as outras. Em seguida surgem as opções (Reconto do texto) e (Exercícios de escrita sobre a obra) ambas com 85,70%. Finalmente, a opção (Ficha de leitura) com 28,50% dos inquiridos a afirmarem o seu uso.

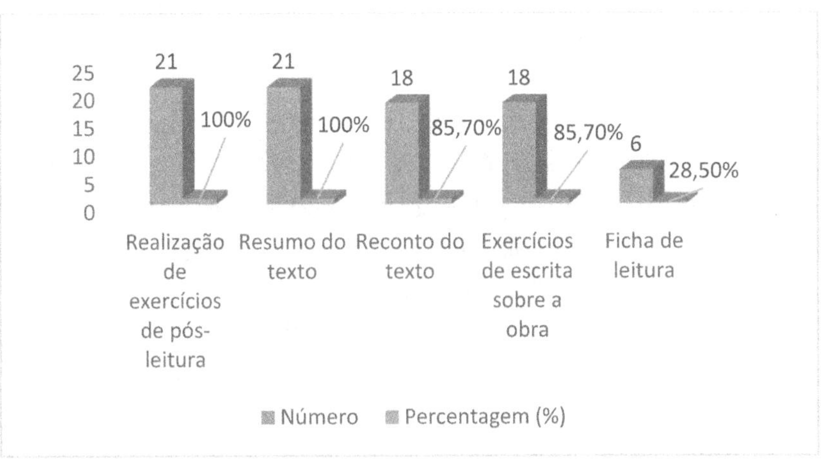

Figura 15. Exercícios de Pós-Leitura

Referências

Agualusa, J. (1997). *Nação Crioula* (romance). Lisboa: RTP.

Albarello, A. (2005). Recolha e tratamento quantitativa dos dados de inquérito. In L. Albarello; F. Digneffe; J.-P. Hiernaux; C. Maroy; D. Ruquoy e P. Saint-Georges (Orgs.), *Práticas e Metódos de Investigação em Ciências Sociais*, 2ª Edição. Lisboa: Gradiva.

Azevedo, F. & Sardinha, M. G. (Org.) (2013). *Didática e práticas: A Língua e a Educação Literária*. Lisboa: Editora Opera Omnia.

Azevedo, F. (2006). *Literatura infantil, recepção leitora e competência leitora*. In F. Azevedo (Org.), *Língua materna e literatura infantil. Elementos nucleares para professores do ensino básico*. Lisboa: Lidel.

Bloom, H. (1994). *O cânone ocidental. Os livros e a escola das idades*. Lisboa: Temas & debates.

Bloom, H. (1994). *The Western Canon. The books and school of the ages*. London: Macmillan.

Bronckart, P. (2004) *apud* Gaspar, G. (2016). *A Avaliação em Línguas Estrangeiras no 3º Ciclo do Ensino Básico: Representações, Práticas e Formação de Professores*. Tese de 3º ciclo de Didática de Línguas. Porto: Faculdade de Letras / Universidade do Porto.

Calixto, J. António (1996). *A Biblioteca escolar e a Sociedade da Informação*. Lisboa: Editora Caminho.

Costa, P. (2006). *A Literatura na Escola: Estatuto, Funções e Formas de Legitimação*. Tese de doutoramento. Évora: Universidade de Évora.

Damásio, M. & Sardinha, Mª. (2012). De uma escola leitora a uma cidade de cultura. In M. G. Sardinha, Mª. & F. Azevedo, *Leituras e Bibliotecas. Trilhos da mesma narrativa*. Raleigh, N.C: Lulu Entreprises.

Domingos, A. *et al.* (1986). *A Teoria de Bernstein em Sociologia da educação*. Lisboa: Fundação Calouste Gulbenkian.

Durkheim, E. (2003). *Les formes élémentaires de la vie religieuse*. 5ª ed. Paris : Le livre de Poche.

Faneca, R. (2010). *Aprendizagem e representações da língua portuguesa por* lusodescendentes. Tese de Doutoramento. Aveiro: Universidade de Aveiro.

Felizardo, J.; Cabral, A. (Coord. Caare), Afonso, M.; Zacarias, J.; Emanuel, V.; et al. (2014). *Avaliação Global da Reforma*

Educativa, Comissão de Acompanhamento e Avaliação da Reforma Educativa (CAARE). Luanda: Editora Moderna.

Gaspar, G. (2016). *A Avaliação em Línguas Estrangeiras no 3º Ciclo do Ensino Básico: Representações, Práticas e Formação de Professores*. Tese de 3º ciclo de Didática de Línguas. Porto: Faculdade de Letras / Universidade do Porto.

Harris, W. (1998). La canonicidad. In E. Sullà (Org.), *El canon literario*. Madrid: Arco Libros.

Kandjimbo, L. (2010a). *Outros Cânones e Novas Leituras para a Literatura Angolana* [em linha] http://www.nexus.ao/kandjimbo/outros_canones.htm (acesso em 28.03.2017)

Kandjimbo, L. (2010b). *A literatura angolana, a formação de um cânone literário mínimo de língua portuguesa e as estratégias da sua difusão e ensino* [em linha] https://pt.slideshare.net/literafro/kandjimbo (acesso em 28.03.2017)

Laranjeira, P. (1995). *A negritude Africana de língua portuguesa*. Porto: Edições Afrontamento.

Mannoni, P. (2010). *apud* Gaspar, G. (2016). *A Avaliação em Línguas Estrangeiras no 3º Ciclo do Ensino Básico: Representações, Práticas e Formação de Professores*. Tese de 3º ciclo de Didática de Línguas. Porto: Faculdade de Letras / Universidade do Porto.

Pontes, V. & Barros, L. (2007). Formar Leitores Críticos, Competentes, Reflexivos: o Programa de leitura fundamentado na literatura. In F. Azevedo (Coord.), *Formar leitores. Das teorias às práticas*. Lisboa: Lidel.

Quivy, R. & Campenhoudt, L. (2003). *Manual de Investigação em Ciências Sociais*, 3ª Edição. Lisboa: Gradiva.

Reis, C. (1997). *O Conhecimento da Literatura Angolana. Introdução aos Estudos Literários*. Coimbra: Almedina.

Saraiva, A. (1993). *Cultura*. Lisboa: Difusão Cultural.

Smith, B. (2000). *apud* João José S. Machado (2011). *De uma competência de leitura a uma competência de cultura: níveis de literacia na escola portuguesa.* Tese de doutoramento. Covilhã: Universidade da Beira Interior.

Venâncio, J. (1987). *Uma Perspectiva Etnológica da Literatura Angolana.* Lisboa: Ulmeiro.

Venâncio, J. (1996). *Colonialismo, Antropologia e Lusofonias.* Lisboa: Vega.

Yopp, H. K. & Yopp, R. H. (2006). *Literature-Based Reading Activities.* Plymouth: Allyn & Bacon.

Anexo

Universidade da Beira Interior

<u>Inquérito por questionário sobre o processo de construção de leitores destinado a professores de Língua Portuguesa do 2º Ciclo do Ensino Secundário</u>

A informação que nos vai conceder através desse questionário não tem nenhum fim avaliativo e é de natureza confidencial, pois visa, excepcionalmente, recolher informações que possam contribuir para responder ao actual desafio do Estado angolano na formação de leitores competentes como uma das principais estratégias para a redução dos níveis de iliteracia a nível nacional, visa também, conhecer as representações dos Professores do 2º Ciclo do Ensino Secundário acerca dos hábitos de leitura, os recursos usados para a promoção da leitura e os seus métodos de ensino. Este inquérito vem, por conseguinte, enquadrado no âmbito da elaboração da nossa dissertação de Mestrado em Estudos Didácticos, Culturais, Linguísticos e Literários na Universidade da Beira Interior.

I.   Assinale com (X) a resposta que se aplica à sua identidade/situação.

1.	**Sexo:** Masculino: ( ) Feminino: ( )
2.	**Idade:** 20 a 30 ( ) 31 a 40 ( ) 41 a 50 ( ) 51 a 60 ( ) >60 ( )
3.	**Anos de serviço** (considere o ano em curso) 1 a 5 anos ( ) 6 a 10 ( ) 11 a 20 ( ) 21 a 30 ( ) 31 a 36 ( ) >36 ( )
4.	**Habilitações:** Bacharelato .... ( ) Bacharelato + Complementos .... ( ) Licenciatura em 1º Ciclo do Ensino Básico .... ( ) Licenciatura em 2º Ciclo do Ens. Sec. variante Português/Francês....... ( )

	Licenciatura em 2º Ciclo do Ens. Sec. variante Português/Inglês .... ( ) Licenciatura em 2º Ciclo do Ens. Sec. variante Educação Física .... ( ) Licenciatura em 2º Ciclo do Ens. Sec. variante Ciências e Matemática . ( ) Licenciatura em 2º Ciclo do Ens. Sec. variante Educ. Visual e Tecnológica ....( ) Mestrado .... ( ) Doutoramento .... ( )

II.   Assinale com X as opções que considere mais adequadas.

B)	**Com que frequência costuma ler livros, jornais, revistas e enciclopédias?** **Diária** **Semanal** **Quinzenal** **Mensal** Livros ( ) ( ) ( ) ( ) Jornais ( ) ( ) ( ) ( ) Revistas ( ) ( ) ( ) ( ) Enciclopédias ( ) ( ) ( ) ( )
C)	**No âmbito da leccionação na área da Língua Portuguesa, quantas vezes foi à BE/CRE[155] com os alunos, no último mês?** Nunca ( ) 1 a 2 ( ) 3 a 4 ( ) 5 ou mais ( )

Universidade da Beira Interior

Inquérito por questionário sobre o processo de construção de leitores destinado a professores de Língua Portuguesa do 2º Ciclo do Ensino Secundário

III.   Assinale com um (X) as opções que considere mais adequadas.

1. **1.1.** **1.2.** **1.2.1.**	**Estabelece parcerias para desenvolver as competências relacionadas com a escrita?** Sim ( ) Não ( ) Se a resposta for **Sim,** assinale a(s) mais frequente(s):

---

[155] Biblioteca Escolar/Centro de Recursos Educativos **(BE/CRE)**

1.2.2.	BE/CRE -- ( )
1.2.3.	Biblioteca Municipal --- ( )
1.2.4.	Outras turmas -- ( )
	Outras escolas -- ( )

2.	**Após identificada a parceria, assinale as três situações mais usuais:**
2.1.	Incentivar os alunos a ir à BE/CRE ler e requisitar livros relacionados com as temáticas abordadas. ------------------------- ( )
2.2.	Requisitar livros para o domicílio. ----------------------------------- ( )
2.3.	Assistir a sessões de leitura. --- ( )
2.4.	Aceder aos computadores para realizar trabalhos. ------------------ ( )
2.5.	Requisitar materiais para a sala de aula. ---------------------------- ( )
2.6.	Partilhar leituras de textos. --- ( )

3.	**Os alunos da sua turma costumam requisitar livros na BE/CRE?**
3.1.	Sim ( ) Não ( )
3.2.	Se respondeu **sim**, normalmente, com que frequência o fazem?
3.2.1.	Semanal -------------------- ( )
3.2.2.	Quinzenal ----------------- ( )
3.2.3.	Mensal --------------------- ( )
3.2.4.	Trimestral ----------------- ( )

4.	**Costuma escolher livros para trabalhar, na sala de aula?**
4.1.	Sim ( ) Não ( )
4.2.	Se respondeu **sim**, normalmente, o que fazem?
4.2.1.	Os alunos aplicam a técnica de resumo. ---------------------------- ( )
4.2.2.	Os alunos aplicam a técnica do reconto escrito. -------------------- ( )
4.2.3.	Os alunos elaboram esquemas ou diagramas. ----------------------- ( )
4.2.4.	Os alunos desenham a parte da história que mais gostaram. ------- ( )
4.2.5.	O professor faz ponte com as temáticas do Estudo do Meio. ------ ( )

166

| 4.2.6. | O professor faz pontes com temas abordados em Formação Cívica ( ) |

Universidade da Beira Interior

Inquérito por questionário sobre o processo de construção de leitores destinado a professores de Língua Portuguesa do 2º Ciclo do Ensino Secundário

IV. Assinale com (X) as opções que considere mais adequadas.

1.	**Costuma levar à sala de aula obras de literatura infanto-juvenil?**
1.1.	Sim ( ) Não ( )
1.2.	Se respondeu **sim**, quando inicia o seu estudo desenvolve actividades no âmbito da pré-leitura? Sim ( ) Não ( )

2.	**Que significa para si Pré-leitura?**
2.1.	Activação do conhecimento temático. ------------------------------ ( )
2.2.	Motivação para o estudo da obra. ------------------------------------ ( )
2.3.	Adivinhação sobre o conteúdo da obra. ----------------------------- ( )
2.4.	Outro(s) --- ( )
2.4.1.	Se seleccionou o item *outros*, diga quais? ____________________________________

3.	**Durante a fase de Leitura da obra que tipo de actividades desenvolve?**
3.1.	
3.2.	Nenhuma --- ( )
3.3.	Apresentação de pequenos excertos da obra ------------------------ ( )
3.4.	Peenchimento de grelhas/tabelas -------------------------------------- ( )
	Outro(s) --- ( )
3.4.1.	Se seleccionou o item *outros*, diga quais? ____________________________________

4.1.	**Quando finaliza a leitura da obra, procede a exercícios de Pós-Leitura?**
	Sim ( ) Não ( )
4.2.	
	Se respondeu *sim*, que tipos de exercícios de Pós-leitura selecciona?
4.2.1.	
4.2.2.	Resumo do texto --- ( )
4.2.3.	Reconto do texto --- ( )
4.2.4.	Ficha de leitura --- ( )
	Exercícios de escrita sobre a obra ------------------------------- ( )

Capítulo 7. A escrita nos programas do ensino primário em Angola: a competência compositiva [156]

Sérgio de Carvalho Rodrigues [157]

Resumo

O presente artigo aborda a presença da escrita nos programas da disciplina de Língua Portuguesa do ensino primário, em Angola, a partir de uma análise de tais normativos, visando as orientações sobre o seu ensino, para identificarmos o modelo adotado para o ensino da competência compositiva. Concluiu-se que a escrita é vista como produto e o seu ensino carateriza-se por preparação oral e realização escrita.

Sistematizando...

Para começar, cabe, nesta parte do estudo, uma análise exaustiva dos programas no que concerne ao lugar da escrita. A sequência da linha de investigação-ação ajustou-se para nos permitir chegar às respostas das questões de partida, além de alcançar o objetivo estabelecido para esta pesquisa que passa por analisar a presença da escrita e identificar o modelo de adotado

---

[156] Rodrigues, S. de C. (2019). A escrita nos programas do ensino primário em Angola: a competência compositiva. In F. Azevedo, W. Muzombo, M. G. Sardinha e J. Machado (Coord.), *Literacia, Leitura e Cultura em Angola. Exemplos de boas práticas* (pp. 169-189). Braga: Centro de Investigação em Estudos da Criança / Instituto de Educação. ISBN: 978-972-8952-58-7

[157] Mestre em Estudos Didáticos Culturais Linguísticos e Literários (UBI).

para o seu ensino, particularmente, no que diz respeito à competência compositiva.

A escolha desta linha teve em conta a sua adequação ao propósito da nossa investigação, pois ao seu caráter interdisciplinar alia-se a possibilidade e a necessidade de proceder a mudanças e intervir na construção da realidade do ensino angolano, fazendo dela uma metodologia que favorece as mudanças nas práticas verificadas nas instituições de ensino, que pretendem dar uma resposta positiva à dinâmica dos novos tempos. Dizemos bem novos tempos, já que as atuais condições do ensino no país exigem um olhar atual, pelo menos, para um trabalho no âmbito da didática da escrita, sem perder de vista a sua perspetiva linguística. Assim, procedemos a análise de alguns princípios orientadores, bem como algumas estratégias que os sustentam.

É, antes de mais, necessário dizer, sem pretender aqui uma abordagem da sua história, que a escrita, para Aguiar e Silva (1991, p. 279, 280), é uma invenção relativamente recente. Ao considerarmos as diferenças entre a linguagem oral e a linguagem escrita (Derrida, 2015; Martins e Niza, 1998; Ricoeur, 2016; Vygotsky, 1991), a sua importância fica evidente, de modo que a podemos dispensar desta abordagem.

A leitura atenta não pode permitir o surgimento de alguma confusão quanto à diferença entre o ensino da expressão escrita e expressão escrita como tal. Entretanto, é importante esclarecer que, ao abordarmos esta temática, eleva-se a pertinência de compreender que uma coisa é falar sobre o processo de escrita e outra, bem diferente, é falar sobre o processo de ensino-aprendizagem da escrita. Entendemos que o segundo pode assentar sobre o curso do primeiro como forma de efetivar a sua própria realização. Assim, consideramos as três fases do processo de escrita do modelo proposto por Flower e Hayes (1981, p. 365-387), sem esquecer das outras propostas. As três fases mencionadas são: a planificação, a redação e a revisão.

Como não podia deixar de ser, veremos a presença da escrita nos documentos que regulam o processo de ensino-aprendizagem, em Angola, a partir dos programas da disciplina de Língua Portuguesa, sem perder de vista o *Currículo do ensino primário* (2013). O nosso olhar sobre a escrita está direcionado para a dimensão textual, ou seja a competência compositiva nos normativos que regulam o ensino, ainda que haja alguma referência às outras competências, tendo sempre em conta aspetos metodológicos, objetivos traçados, modelo de ensino e temas.

Os objetivos definidos quanto à escrita, nas alíneas a) e b) do Artigo 29º da Lei de Bases do Sistema de Educação e Ensino, Lei 17/16 nº170, são "desenvolver a capacidade de aprendizagem, tendo como meios básicos o domínio da leitura, da escrita e do cálculo," e também "desenvolver e aperfeiçoar o domínio da comunicação e da expressão oral e escrita". Pelo caráter generalista, tais objetivos tendem a ajustar-se não só a uma realidade onde não há diversidade linguística, como àquela onde há. Considerando os objetivos traçados, incluindo os dois já referidos, é necessário referir a necessidade de se ajustar os propósitos, objetivos e pressupostos definidos no *Currículo do ensino primário* (2013), adequando este último ao documento que regula o sistema de educação e ensino no país. O referido currículo ainda está alinhado à Lei 13/01 e, como o seu artigo 18º, determina:

> (...) que o Ensino Primário tem os seguintes objectivos:
> • Desenvolver e aperfeiçoar o domínio da comunicação e da expressão;
> • Aperfeiçoar hábitos e atitudes tendentes à socialização;
> • Proporcionar conhecimentos e oportunidades para se desenvolverem as capacidades mentais;

> • Estimular o espírito estético com vista ao desenvolvimento da criação artística;
> • Garantir a prática sistemática de educação física e de actividades gimnodesportivas para o aperfeiçoamento das habilidades psicomotoras. (Ministério da Educação, 2013a, p. 9)

Na referência anterior à atual Lei de Bases do Sistema de Educação e Ensino, estão claros os objetivos quanto à escrita, o que é diferente dos que acabamos de referir. Já segundo o *Programa do Ensino Primário da 1ª Classe*, a disciplina de Língua Portuguesa no ensino primário tem seis objetivos, que são:

> 1 – Conhecer as características principais da língua como meio de comunicação interpessoal e objecto de estudo;
> 2 – Compreender a estrutura e o funcionamento da língua em situações do dia-a-dia;
> 3 – Aplicar os métodos de trabalho, pesquisa organização e progressão para a aprendizagem dos conteúdos linguísticos e comunicativos programados;
> 4 – Compreender assuntos e temas, palavras e frases leccionadas no ensino primário;
> 5 – Analisar os procedimentos a utilizar em todas as fases de aprendizagem;
> 6 – Criar motivação pessoal para prosseguir os estudos. (Ministério da Educação, 2013b, p. 8)

Os primeiros quatro objetivos são os que mais dizem respeito à aprendizagem da língua portuguesa, pois neles é possível enquadrarmos tanto as questões relacionadas com a aprendizagem oral, como as questões relacionadas com a escrita nos primeiros anos de escolaridade, num país com uma grande diversidade linguística. Entretanto, tal como na lei antes mencionada, o currículo também não faz referência clara à escrita, já que é evidente o alinhamento entre os dois documentos.

Na prática...

Quem lê o programa da disciplina de Língua Portuguesa da 1ª classe percebe, claramente, a sua articulação com a Constituição angolana e com a Lei de Bases do Sistema de Educação, Lei 13/01, especialmente, quando se afirma que o português "é a língua veicular através da qual se emitem e recebem mensagens, sendo a base para a aquisição de conhecimentos técnico-científicos, valores éticos, cívicos e culturais". É certo que tal afirmação implica que "ela desempenha também a função de veículo para a transmissão e aquisição de conhecimentos implícitos e explícitos, instrumento de integração, meio de apoio e articulação de todas as disciplinas". Nesta sequência e para melhor esclarecimento, "(...) ela torna-se um meio de apoio e de articulação entre todas as disciplinas, instrumento de investigação social e científica e a sua utilização correcta permite o desenvolvimento do vocabulário e da compreensão escrita" (Ministério da Educação, 2013b, p. 6). Importa frisar que, havendo aprovação de nova Lei de Bases, é necessário que os outros normativos sejam articulados a ela.

Chegamos a um enquadramento na linha da pedagogia da integração traçada por Roegiers (2010), que tanto podemos incluir na abordagem por competência como na aproximação com o ensino centrado no aluno, que não dispensa a atividade de integração, pois, embora o mesmo documento afirme que na 1ª classe a disciplina visa fornecer à criança os mecanismos elementares da leitura e da escrita — tendo, nessa classe, o docente a preocupação de trabalhar o texto oral e escrito, do qual extrairá a frase que, obviamente, terá a palavra que, por seu turno, terá o som e as letras em estudo —, o programa, em seguida, determina que "o ensino da Língua Portuguesa nas duas primeiras classes deverá desenvolver as capacidades de compreensão e expressão oral, no âmbito do desenvolvimento global da criança, através da abordagem integrada de todas as áreas curriculares" (Ministério da Educação, 2013b, p. 7).

Pelo que está expresso no parágrafo anterior, é de crer que o que se pretende é considerar o primeiro tipo de atividade referida por Vygotsky (2012, p. 21-28), isto é, aquele que podemos chamar de atividade reprodutiva ou reprodutora, o que bem corresponde com os objetivos traçados para a 1ª classe. Como entende o autor, é necessário alargar a experiência do aluno, pois quanto mais ele vir, ouvir e experimentar, mais — e, pensamos que também melhor — ele saberá e assimilará, uma vez que mais tarde essas experiências também serão de grande importância no ensino do domínio da expressão escrita. Afinal, só escreve quem tem algo a dizer. Por esta razão, o documento esclarece que:

> Na primeira classe privilegia-se a oralidade, o que não significa que se ignore a escrita. No entanto, considera-se indispensável que só após uma primeira integração da criança no "universo da palavra falada" se passe a desenvolver as capacidades de compreensão e expressão escrita, que permitirão à criança integrar-se no espaço privilegiado da aprendizagem até aí desconhecido, a escola. (Ministério da Educação, 2013b, p. 7)

Esta referência dialoga com a perspetiva de Derrida (2015, p. 21-62) sobre a voz e a escrita. Considerando tal perspetiva, certamente, apresenta-se como caminho privilegiar a oralidade na 1ª classe, pois o autor refere que não nos podemos esquecer que aprendemos a falar antes de aprendermos a escrever.

Partindo do princípio segundo o qual "os conteúdos relativos aos domínios da oralidade, leitura, escrita e funcionamento da língua (gramática) manifestam-se e aperfeiçoam-se pela prática da língua", o programa define que eles "devem ser entendidos numa perspetiva funcional, devendo

174

evitar-se o recurso à explicitação" e "recorrer-se ao uso de imagens (desenhos, grafismos, esculturas) e exercícios de cópias, picotagem, ilustração, modelação e outros", de modo a também conduzir os alunos à aquisição de novo vocabulário. Já a gramática deve, ainda nesta sequência, "ser implícita, isto é, subentendida nas frases, desenhos que as ilustram e em ideias bem elaboradas, às quais a criança se habitua" (Ministério da Educação, 2013b, p. 10).

Ao observar o comportamento e toda atividade que o homem desenvolve, Vygotsky (2012, p. 21) identificou dois tipos de atividades: a atividade reprodutiva ou reprodutora, que referimos acima, e a atividade criadora. A primeira está associada à nossa memória e consiste no facto de o homem reproduzir ou repetir modos de comportamentos já antes elaborados e produzidos ou ressuscitar traços de impressões anteriores; a segunda é a atividade que combina e cria. O autor afirma que "o desenho é a criação típica da idade infantil, principalmente da idade pré-escolar" (Vygotsky, 2012, p. 75) e, sendo a 1ª classe a que sucede este último nível referido, justifica-se que daí se parta para a elaboração de traços, sem significado, que prepara os alunos para a escrita, isto é, o grafismo.

Adequa-se partir do desenho, o modo expressivo que dá ao aluno a possibilidade de expressar melhor as suas preocupações, para a criação verbal ou literária, isto é, a escrita, porém, reiteramos que, entre um e outro – e também já ao longo do pré-escolar[158] –, é de extrema importância a prática do grafismo.

Como aponta o documento, em análise, que regula o processo de ensino-aprendizagem em Angola[159], na 1ª classe privilegia-se a oralidade, o que não significa que a escrita não seja trabalhada. Basta considerarmos o que vai exposto no

---

[158] É importante reiterar que, em Angola, a maioria das crianças não frequenta este nível de ensino.
[159] Este aspeto já foi referido antes.

parágrafo anterior para se saber onde o aluno começa a trabalhar a escrita nesta classe. A perspetiva é de se passar a desenvolver as capacidades de compreensão e expressão escrita, após uma integração da criança no "universo da palavra falada", que permitirão uma integração da criança na escola. Nele, define-se que:

> (...) os processos de realização ou o conjunto de operações e de actividades linguísticas e pedagógicas que actualizam os conteúdos devem ser selecionados segundo os objectivos propostos nos programas e as condições específicas das turmas, das crianças, da escola e da região. (Ministério da Educação, 2013b, p. 10).

Esse aspeto deve favorecer o ensino do português nas áreas onde a maior parte da população a tem como L2. No entanto, o que foi referido não se mostra o bastante para fazer a vez do ensino do português como língua segunda. Para Gaspar, Osório e Pereira (2012, p. 25), o choque entre o português e as línguas maternas fomenta a longo prazo o insucesso escolar, mas não significa que a opção seria a primeira substituir as outras para ultrapassar tal problema.

Os objetivos da disciplina de Língua Portuguesa na 1ª classe são 10, dentre os quais importa referir os 5 últimos, que dizem respeito à aprendizagem da escrita:

> 6 – Usar formas elementares de comunicação oral e escrita nas relações com os colegas, a família e as pessoas em geral;

> 7 – Adquirir e empregar vocabulário próprio da vida familiar, escolar e local (comuna e município);

> 8 – Ler e escrever frases muito simples relacionadas com a vida local (bairro, comuna e município);

9 – Saber contar histórias relacionadas com as pessoas, animais e objectos;

10 – Compreender e aplicar regras elementares do funcionamento da língua. (Ministério da Educação, 2013b, p. 8)

Os conteúdos estão organizados em três áreas: tema, vocabulário e gramática, fazendo um total de 5 temas. Seguindo a mesma ordem, transcrevemo-las: "Quem sou eu?", "Eu e a minha família", "Vou à escola", "Eu e o meu corpo", "Os animais que conheço". Quanto à escrita, o primeiro tema tem como propósito principal para o aluno "(…) escrever correctamente o seu nome completo". Nesta perspetiva, o segundo define como propósito para o aluno "(…) escrever palavras relacionadas com a família". O terceiro tema tem como propósito definido para o aluno "(…) escrever palavras relacionadas com a escola". O quarto tema determina os seguintes propósitos para o aluno: "(…) escrever os referidos nomes"; "(…) escrever frases simples relacionadas com o corpo humano" e "(…) escrever as regras elementares de higiene corporal". Aqui a escrita já começa a estar mais presente nas atividades do aluno. O último tema determina como propósito para o aluno "escrever palavras e frases simples relacionadas com os animais".

As partes reservadas à escrita estão garantidas, começando de forma gradual pelas letras, e em seguida, as palavras, as frases e os pequenos textos que se adequam aos interesses e à cultura dos alunos, porém, não encontramos aspetos metodológicos que orientem o processo de ensino da escrita que não sejam os que tendem a apontar, frequentemente, para um trabalho bifásico, incluindo a preparação oral e a realização escrita com base nas formas de expressão de maior domínio por parte dos alunos: o desenho e a oralidade. Esta abordagem é nesta classe mais evidente, uma vez que é nela que se trabalha a competência gráfica e a competência ortográfica.

Para entendermos a presença da escrita no Programa de Língua Portuguesa da 2ª Classe, começamos por referir que o ensino da Língua Portuguesa, na 2ª classe, tem como objetivos:

> Reforçar na criança a identidade cultural angolana;
> Contribuir para o desenvolvimento integral da criança e para a melhoria qualitativa dos resultados escolares;
> Contribuir para o alargamento da aquisição de procedimentos de trabalho e de estudo extensivo às outras áreas curriculares;
> Considerar a Língua Portuguesa como instrumento e meio de integração, de apoio e articulação de todas as disciplinas;
> Consolidar a motivação pessoal para prosseguir os estudos. (Ministério da Educação, 2013c, p. 8)

Tais objetivos, por si só, já seriam evidências da presença da escrita no programa da disciplina, porém, julgamos necessário seguir, vendo, de modo breve, como ela é apresentada nos temas, especialmente, considerando os aspetos metodológicos. A escrita, nos objetivos específicos, está presente nos três domínios definidos no programa: o domínio global, o linguístico e o cultural.

No primeiro domínio, esclarece-se que o objetivo é "alargar o desenvolvimento do gosto pela aprendizagem, em geral, e pela leitura e escrita, em particular", enquanto, no domínio seguinte, não há uma referência direta à escrita, embora se possa enquadrar naquele segundo o qual o propósito é "adquirir competência comunicativa tendo em vista uma melhor apropriação das matérias das outras áreas curriculares" e no que define como propósito "apropriar-se de um instrumento de comunicação que lhes permita alargar o seu horizonte cultural, a Língua Portuguesa". Sendo este o domínio linguístico, adequa-se uma referência objetiva à escrita, pois, se, por um lado, a língua se atualiza por meio da fala e se transmite por meio das pessoas e comunidade de falantes conforme aponta Saussure (1996, p. 37), por outro, podemos afirmar que a língua, incluindo tanto a linguagem oral como a linguagem escrita, também se atualiza na escrita. Deste modo, seguimos dizendo que, como refere o programa, os objetivos, no domínio do desenvolvimento cultural do aluno, são:

> Usar formas simples de comunicação oral e escrita nas relações com os colegas, família e pessoas em geral;
>
> Empregar vocabulário próprio da vida familiar, escolar, da comuna, do município e da província;
>
> Ler e escrever frases e textos simples relacionados com a vida local (bairro, comuna e município);
>
> Saber contar, ler e escrever pequenas histórias relacionadas com as pessoas, animais e objectos;
>
> Compreender e aplicar regras simples do funcionamento da língua. (Ministério da Educação, 2013c, p. 9)

Os três últimos objetivos são, pelo tema em abordagem, os que mais importam para a nossa análise e tornam claro que, a partir daqui, o aluno deve começar a trabalhar a competência compositiva com mais frequência, além de consolidar a competência gráfica e a competência ortográfica, embora julguemos que seja fundamental especificar a competência a trabalhar de modo claro.

Os conteúdos estão organizados em três áreas: tema, vocabulário e funcionamento da língua, fazendo 5 temas: "A minha escola", "A minha família", "O mundo dos animais", "O que sei da alimentação" e "A minha saúde é importante". Embora o documento afirme que os temas são os mesmos da classe anterior, eles diferem, como vimos, e é certo que não se adequaria que fossem os mesmos. No que diz respeito à competência compositiva, o primeiro tem como propósitos a escrita de palavras e de frases relativas ao tema e a escrita de pequenas histórias que se relacionem com a escola. O segundo tem como propósitos a escrita de palavras e de frases que se relacionem com o tema e também a escrita de pequenas histórias sobre a família. Os propósitos do terceiro são a escrita de palavras e de frases que se relacionem com o tema e a escrita de pequenas histórias sobre os animais e plantas da localidade dos alunos. Os propósitos do tema seguinte são a escrita de pequenas histórias sobre a alimentação da localidade dos alunos e a escrita das receitas dos pratos típicos que os alunos mais consumem em casa e na sua localidade. Por último, o quinto tem como propósitos a escrita de palavras e de frases que se relacionem com o tema e a escrita de pequenas histórias sobre as doenças da localidade dos alunos e, em geral, de Angola.

Aqui, também não podemos negar a presença da escrita, porquanto se vai consolidar aspetos começados na classe anterior e dar início a outros que se prolongam pela vida académica dos alunos. Não se pode negar a presença da escrita, mas é possível, também aqui, verificar aspetos metodológicos do processo de ensino da escrita que apontam para um trabalho bifásico que, como vimos anteriormente, incluem a preparação oral e a realização escrita, embora o programa não faça referência clara sobre os procedimentos do processo de ensino-aprendizagem da escrita.

O programa de Língua Portuguesa da 3ª classe é, também aqui, apresentado em três aspetos principais: objetivos, organização dos conteúdos e metodologia. Assim, podemos analisar a presença da escrita. Quanto ao primeiro aspeto, este documento refere que os objetivos principais do ensino da Língua Portuguesa, na 3ª classe, são:

Compreender regras do funcionamento da língua;

> Desenvolver a oralidade, a leitura e a escrita, de
> maneira a adquirir uma determinada competência
> linguística;
>
> Desenvolver atitudes, hábitos de asseio, ordem,
> respeito, solidariedade e gosto pelo trabalho;
>
> Aplicar conhecimentos que lhe permitam a
> compreensão progressiva dos fenómenos,
> salientando os fenómenos humanos e sociais;
>
> Analisar o desenvolvimento integral da criança para
> a melhoria qualitativa dos resultados escolares.
> (Ministério da Educação, 2013d, p. 8)

Aqui, damos especial relevância ao quarto e ao quinto objetivos — os dois primeiros citados — , que são os que mais dizem respeito à nossa pesquisa, além de já se tratar de evidência da presença da escrita no programa.

Os conteúdos estão organizados em 3 áreas: tema, vocabulário e gramática. Os temas são quatro: "A comunidade", "A saúde", "Transporte e telecomunicações" e, por último, "A natureza". Diferente do programa da classe anterior, os temas não apresentam, separadamente, objetivos referentes à escrita, embora se reitere tal competência como um dos propósitos do ensino primário e se afirme que "o ensino da Gramática permite corrigir a fala e a escrita, ensina a falar e a escrever bem" (Ministério da Educação, 2013d, p. 12). Assim, podemos confirmar a presença da escrita, que se torna mais clara quando verificamos os objetivos pretendidos no domínio dessa expressão, nos quais podemos constatar a relevância atribuída às competências ortográfica e compositiva, como evidencia, tal como os outros, o último objetivo, segundo o qual pretende-se que o aluno "desenvolva progressivamente a escrita através de: exercícios de ortografia, redacção, elaboração de legendas, composições e resumos" (Ministério da Educação, 2013d, p. 15). A figura do professor é fundamental, uma vez que se pretende também que o aluno produza os textos escritos sob a sua orientação ou por sua própria iniciativa. Aquele que lê o terceiro objetivo, encontra já nele uma premissa da prática corrente no processo de ensino-aprendizagem da escrita, em Angola, que se dá como antes referido, isto é, um processo de duas fases. Pelas constantes indicações nos objetivos, é nesta classe que mais se trabalha a competência compositiva.

Ao chegar à classe seguinte, o nosso olhar, seguindo a mesma linha, centra-se nos seguintes aspetos: objetivos, organização dos conteúdos e metodologia. No que diz respeito ao primeiro, é necessário considerar que os objetivos da disciplina de Língua Portuguesa na 4ª classe são:

> Compreender regras do funcionamento da língua;
>
> Desenvolver na criança a oralidade, a leitura e a escrita de maneira a adquirir uma determinada competência linguística;
>
> Desenvolver na criança atitudes, hábitos de asseio, ordem, respeito, solidariedade e gosto pelo trabalho;
>
> Aplicar conhecimentos que lhe permitam a compreensão progressiva dos fenómenos, salientando os fenómenos humano e social;
>
> Analisar o desenvolvimento integral da criança para a melhoria qualitativa dos resultados escolares. (Ministério da Educação, 2012ª, p. 9)

Importam ao nosso estudo o quarto e o quinto objetivos — os dois primeiros acima citados — pela temática em abordagem e para confirmar a presença da escrita no programa da 4ª classe a partir dos objetivos traçados para a disciplina; contudo, é necessário considerar algum afastamento do quinto na linha traçada por Menyuk (1988, p. 288-290), que defende uma interdependência entre a leitura, a consciência linguística e a escrita sem perder de vista a extensão da interação à consciência

182

metalinguística e não a dependência redutora sugerida pelo objetivo traçado.

Os conteúdos estão, tal como no programa da classe anterior, organizados em três áreas: temas, vocabulário e gramática. Os temas são quatro e apresentam-se na seguinte ordem: "A comunidade e a sociedade", "A saúde", "A natureza" e "Meios de transporte". Tal como o programa da classe anterior, os temas não apresentam, nos seus objetivos, referências à escrita, mas verificamos a sua presença nos objetivos pretendidos, no domínio desta expressão, nos quais podemos constatar a relevância atribuída à competência ortográfica e à competência compositiva, como evidencia, especialmente, o último objetivo, que não difere daquele mencionado anteriormente, isto é, da 3ª classe. Assim como na classe anterior, a figura do professor é fundamental, uma vez que se pretende que o aluno "produza textos escritos sob orientação" sua "ou por iniciativa própria" (Ministério da Educação, 2012ª, p. 18).

Aqui, o quinto objetivo também já apresenta uma premissa da prática corrente no processo de ensino da escrita, em Angola, que se dá como antes referido, isto é, um processo bifásico que valoriza o produto, embora as sugestões metodológicas indiquem a adoção de uma metodologia de trabalho ativo e centrada no aluno.

Seguindo a perspetiva anterior, começamos pelos objetivos da disciplina de Língua Portuguesa na 5ª classe que, pela sua extensão, transcrevemos somente os que dizem respeito ao domínio linguístico, pressupondo que neles estarão as questões relativas à escrita. São eles:

> Apropriar-se de um instrumento de comunicação que permita ao aluno alargar o seu horizonte cultural e facilitar a sua integração social, bem como a sua participação consciente e crítica na vida nacional;

> Alargar a competência comunicativa, tendo em vista
> o sucesso escolar nas outras disciplinas;
>
> Conhecer e reflectir sobre algumas características
> fundamentais da cultura e funcionamento da Língua
> Portuguesa em situações de uso. (Ministério da
> Educação, 2012b, p. 7).

Diferente do que vimos até agora, a presença da escrita não é clara nos objetivos da disciplina na 5ª classe. É de crer que se trata de uma competência já adquirida nas classes anteriores, porém, é fundamental referir que a prática permanente é essencial na formação de bons escreventes, pois quanto mais o aluno pratica melhor escreve e a prática nesta classe passa, fundamentalmente, pela interdependência já referida entre a leitura, a consciência linguística e a escrita, não perdendo de vista a extensão desta interação à consciência metalinguística. É nosso entendimento que a fala e, por consequência, a audição fazem parte desta interdependência, principalmente, no âmbito da língua segunda.

Os conteúdos estão organizados em três áreas: temas, vocabulário e gramática. Os temas são cinco e apresentam-se na seguinte ordem: "Vida comunitária", "As profissões"; "Alguns contos"; "Poesia"; "O mundo que me rodeia". Os temas não apresentam, nos seus objetivos, referências à escrita, porém, verificamos a sua presença na metodologia, diferenciando-se do que foi visto nos programas anteriores.

Assim como no programa da classe anterior, mostra-se a fundamental figura do professor, faltando referir que aqui já se apresenta, claramente, a prática corrente no processo de ensino da escrita, em Angola, que se dá como antes referido, isto é, um processo bifásico, como indica a metodologia, embora as orientações metodológicas apontem para uma metodologia de trabalho ativo e centrada no aluno.

Na sequência da mesma linha, começamos pelos objetivos gerais da disciplina na 6ª classe que, pela sua extensão, podemos transcrever todos, pressupondo que neles estarão as questões relativas à escrita. São objetivos gerais os seguintes:

> Compreender a língua através da leitura, interpretação e escrita de textos adequados à classe;
>
> Conhecer palavras, frases, assuntos e temas leccionados no Ensino Primário;
>
> Aplicar correctamente os conteúdos gramaticais adequados à classe e ao nível, bem como os conhecimentos adquiridos nas classes anteriores;
>
> Desenvolver progressivamente os conhecimentos linguísticos, expressivos, comunicativos, sociais e culturais;
>
> Aplicar a prática da leitura e da escrita, apropriando-se progressivamente dos meios e instrumentos ao seu alcance;
>
> Conhecer os aspectos inerentes ao funcionamento da língua em situações de uso. (Ministério da Educação, 2012c, p. 8)

Ao ler tais objetivos, encontramos, claramente, a presença da escrita no programa de Língua Portuguesa da 6ª classe, apresentando uma sequência lógica com os objetivos específicos de cada tema que, pela extensão, não transcrevemos e nos quais se trabalham as seguintes competências: ortográfica e compositiva.

Os conteúdos estão organizados em três áreas: temas, vocabulário e gramática. Os temas são oito e apresentam-se na seguinte ordem: "A escola", "Inventos"; "Indústria"; "O trabalho"; "Fauna e flora", "Cultura e turismo nacional", "Poesia de Angola", "Contos populares". Reiteramos que os temas apresentam, nos seus objetivos, referências à escrita e também verificamos a sua presença nas orientações metodológicas.

Ao referir como o professor deve desenvolver a expressão escrita nos alunos, o programa determina que se os alunos devem *apreender* o funcionamento da língua de forma estruturada "e explícita, mas sempre em contexto, acompanhado de exercícios de aplicação orais e escritos; assim, os alunos conseguirão o domínio das estruturas fundamentais da língua" (Ministério da Educação, 2012c, p. 12). Esta referência apresentada nos aspetos metodológicos permite reiterar as duas fases do ensino da escrita, que compreende uma preparação oral e uma realização escrita, como já referimos.

É certo que todo o texto escrito, na afirmação de Barbeiro (1999, p. 15), resulta de um processo. Entretanto, a análise dos programas da disciplina de Língua Portuguesa do ensino primário, elaborados à luz da última reforma educativa, permitiu concluir que eles não apresentam a escrita vista como processo e não atribuem relevância à revisão com intervenção do aluno, isto é, reformulação e aperfeiçoamento do texto escrito pelo aluno feitos por ele mesmo, o que não possibilita um olhar sobre ela como um meio de expressão que potencia a organização do pensamento, o desenvolvimento linguístico e a construção da aprendizagem, que é o mais adequado para um ensino centrado no aluno. A análise mostra, ainda na mesma linha de ideia, que a escrita, nos programas, é vista como produto, permitindo-nos enquadrá-la nos chamados modelos lineares ou de produtos. Neles, ela centra-se na avaliação do produto da composição escrita e as operações cognitivas apontam para uma sequência. Pretendemos dizer que das três fases do processo de escrita, é possível identificar a planificação e a redação, sem a revisão, sendo esta última reservada ao professor. Contudo, lembramos que ainda que possa fazer a sua vez, a preparação oral nem sempre será considerada uma planificação, assim como a correção feita pelo professor nem sempre será a revisão que permite o aluno construir o seu conhecimento.

Na sequência da abordagem do autor já referido, importa, aqui, dizer que o papel do professor não se esgota no avaliador, pois inclui o de fornecedor de apoios, durante a produção de cada texto ou em todo o desenvolvimento das capacidades de expressão escrita. Este papel do professor, ainda que se considere fundamental, não se encontra em relevo, nos programas, pelo enquadramento já feito do corrente modelo ensino da escrita.

Como já referimos, considerando a nossa análise, esta representação do ensino da escrita, própria dos modelos de produto, não deixa de ser decorrente das orientações metodológicas para o ensino primário e distanciam-se do ensino centrado no aluno.

Retomando a ideia anterior, concluímos e reiteramos que a escrita, mesmo que não seja vista como processo, não deixa de o ser, ainda que seja um enquadrado no modelo já referido. Contrariamente ao pretendido, os procedimentos aproximam-se à base behaviourista segundo a qual o aluno faz a aquisição da linguagem, imitando o comportamento dos adultos e formando os ditos hábitos linguísticos. Assim, ao conjunto de tais hábitos que se adquiriam por meio do estímulo e resposta, podíamos chamar língua e, para esclarecer, o aluno, quando recompensado por produzir um comportamento linguístico correto, aprendia a considerada forma correta da língua, podendo ocorrer o oposto. O que acabamos de referir encontra suporte em Vygotsky (2012, p. 79), que refere e critica tais procedimentos. É possível dizer que, a Lei de Bases do Sistema de Educação e Ensino, Lei 17/16, de 7 de outubro impõe a necessidade de adequação e articulação dos manuais, dos programas e dos restantes normativos com as suas atuais definições.

Para reflexão...

Em Angola, qual é o lugar da escrita no ensino primário?

Que tratamento lhe está inerente nos programas de Língua Portuguesa?

Em que consiste o modelo usado para o seu ensino?

Que modelo e abordagem pedagógica melhor se adequaria ao atual contexto?

Referências

Aguiar e Silva, V. M. de (1991). *Teoria da Literatura*. Coimbra: Livraria Almedina.

Assembleia Nacional (2016). *Lei de bases do sistema de educação e ensino*. "Diário da República", I Série, n.º 17/16, de 7 de outubro.

Barbeiro, L. F. (1999). *Os alunos e a expressão escrita: consciência metalinguística e expressão escrita*. Lisboa: Fundação Calouste Gulbenkian.

Derrida, J. (2015). *De la grammatologie*. Paris: Les Éditions de Minuit.

Flower, L. e Hayes, J. (1981). A cognitive process theory of writing *College composition and communication*, 32 (4), 365-387.

Gaspar, L., Osório, P. e Pereira, R. (2012). *A Língua Portuguesa e o seu ensino em Angola*. Rio de Janeiro: Dialogarts.

Martins, M. A. e Niza, I. (1998). *Psicologia da aprendizagem da linguagem escrita*. Lisboa: Universidade Aberta.

Menyuk, P. (1988). *Language development: knowledge and use*. Glenview: Scott, Foresman and Company.

Ministério da Educação (2013a). *Currículo do ensino primário*. Luanda: Editora Moderna.

Ministério da Educação (2013b). *Programa do ensino primário da 1.ª classe*. Luanda: Editora Moderna.

Ministério da Educação (2013c). *Programa do ensino primário da 2ª classe*. Luanda: Editora Moderna.

Ministério da Educação (2013d). *Programa do ensino primário da 3ª classe*. Luanda: Editora Moderna.

Ministério da Educação (2012a). *Programa do ensino primário da 4ª classe*. Luanda: Editora Moderna.

Ministério da Educação (2012b). *Programa do ensino primário da 5ª classe*. Luanda: Editora Moderna.

Ministério da Educação (2012c). *Programa do ensino primário da 6ª classe*. Luanda: Editora Moderna.

Ricoeur, P. (2016). *Teoria da interpretação: o discurso e o excesso de significação*. Lisboa: Edições 70.

Roegiers, X. (2010). *La pédagogie de l'integration. Des systèmes d'éducation et de formation au cœur de nos sociétés*. Bruxelas: De Boeck Supérieur.

Saussure, F. (1996). *Cours de Linguistique générale*. Paris: Éditions Payot & Rivages.

Vygotsky, L. S. (2012). *Imaginação e criatividade na infância*. Lisboa: Dinalivro.

Vygotsky, L. S. (1991). *Pensamento e linguagem*. São Paulo: Martins Fontes.

Breve nota sobre os coordenadores da obra

Fernando Azevedo é docente na Universidade do Minho (Braga – Portugal), no Instituto de Educação, Departamento de Estudos Integrados em Literacia, Didática e Supervisão. É Doutor em Ciências da Literatura, possuindo Agregação em Estudos da Criança. É investigador do Centro de Investigação em Estudos da Criança (CIEC). A sua investigação centra-se na formação de leitores, didática da língua portuguesa e na literatura infantil.

Wakala Muzombo é Doutorando em Literatura na Universidade de Évora, Portugal; Mestre em Estudos Lusófonos pela Universidade da Beira Interior; Mestre em Direito Jurídico-Forense pela Universidade Jean Piaget (Angola); Licenciado em Ciências da Educação, opção de Ensino do Português (Uíge/Angola).

Maria da Graça Sardinha é docente na Universidade da Beira Interior (Covilhã – Portugal), na Faculdade de Artes e Letras, Departamento de Letras. É licenciada em Português-Francês, pós-graduada em Supervisão Pedagógica. É Mestre em Educação e Doutora em Letras. É investigadora no IFP Labcom. Os seus interesses centram-se nas áreas da Literacia, da Leitura e da Cultura.

João Machado é docente na Escola Superior de Artes Aplicadas do Instituto Politécnico de Castelo Branco (Portugal). Doutor em Letras pela Universidade da Beira Interior e Pós-doutorado em Estudos da Criança pela Universidade do Minho (Braga – Portugal). É investigador no CIPEC-IPCB. A sua investigação centra-se nas áreas da psicolinguística, da compreensão em leitura, da literacia e da cultura.

Doutoramento em Estudos da Criança

O Ciclo de Estudos conducente ao *Grau de Doutor em Estudos da Criança* tem a duração de 3 anos (em regime de tempo inteiro, com 6 semestres curriculares) e de 5 anos (em tempo parcial para estudantes-trabalhadores), num total de 180 ECTS.

Apresenta, de acordo com a legislação em vigor, uma estrutura curricular em 5 áreas de especialização:

- *Educação Física e Saúde Infantil* (Educação Física e Lazer, Saúde Infantil)

- *Infância, Desenvolvimento e Aprendizagens* (Matemática Elementar, Metodologia e Supervisão em Educação de Infância, Psicologia do Desenvolvimento e da Educação)

- *Educação Artística* (Educação Musical, Educação Dramática, Comunicação Visual e Expressão Plástica)

- *Educação Especial* (Inclusão e Necessidades Educativas Especiais, Intervenção Precoce)

- *Infância, Culturas e Sociedade* (Sociologia da Infância, Direitos da Criança, Políticas Públicas para a Infância, Literatura para a Infância).

Contatos

Universidade do Minho
Instituto de Educação
Campus de Gualtar
4710-057 Braga
Tel.: 253604240 Fax: 253604659
E-Mail: sec-dout-ec@ie.uminho.pt; sec@ie.uminho.pt
URL: https://www.ie.uminho.pt

Este Ciclo de Estudos visa, essencialmente, o desenvolvimento de:

- capacidades de compreensão sistemática num domínio científico de estudo;
- competências, aptidões e métodos de investigação associados a um domínio científico;
- capacidade para conceber, projetar, adaptar e realizar uma investigação significativa, respeitando as exigências impostas pelos padrões de qualidade e integridade académicas.

Acesso a estudos superiores

Uma vez que este curso é de 3º Ciclo, ele confere capacidade técnico-científica para acesso a outros cursos, nomeadamente a formação de Pós-Doc e a Provas de Agregação.